Als Kitsch noch Kunst war    Farbendruck im 19. Jahrhundert

# Als Kitsch noch Kunst war Farbendruck im 19. Jahrhundert

Jürgen Döring

Museum für

Kunst und Gewerbe

Hamburg

MK&G
MUSEUM FÜR
KUNST UND GEWERBE
HAMBURG

DEUTSCHER KUNSTVERLAG

Diese Publikation erscheint anlässlich der Ausstellung
Als Kitsch noch Kunst war. Farbendruck im 19. Jahrhundert
Museum für Kunst und Gewerbe Hamburg, 11. Januar bis 17. März 2013
Käthe Kollwitz Museum Köln, 22. März bis 9. Juni 2013

MK&G
MUSEUM FÜR
KUNST UND GEWERBE
HAMBURG

Direktorin: Sabine Schulze
Kaufmännischer Direktor: Udo Goerke
Grafische Sammlung: Jürgen Döring
Sammlungsverwalterin: Uta Jeschke
Marketing und Presse: Silke Oldenburg und Michaela Hille

Käthe Kollwitz
Museum Köln
Kreissparkasse Köln

Direktorin: Hannelore Fischer
Ausstellungsorganisation: Katharina Koselleck
Öffentlichkeitsarbeit: Anne Janssen

Herausgeber: Museum für Kunst und Gewerbe Hamburg
Konzept, Text, Redaktion: Jürgen Döring
Mitarbeit: Uta Jeschke, Theresa Heßling

Grafische Gestaltung, Satz, Lithografie, Produktion:
Reschke, Steffens & Kruse, Berlin/Köln
Schrift: Clarendon
Papier: Hello matt 150 g/m²
Druck und buchbinderische Verarbeitung:
AZ Druck und Datentechnik Allgäu/Berlin


Alle abgebildeten Werke befinden sich in der Grafischen Sammlung,
der Plakatsammlung und der Sammlung Buchkunst
des Museums für Kunst und Gewerbe Hamburg.

Deutscher Kunstverlag GmbH Berlin München
www.deutscherkunstverlag.de
ISBN 978-3-422-07179-7

Die Deutsche Nationalbibliothek verzeichnet diese Publikation
in der deutschen Nationalbibliografie; detaillierte bibliografische Angaben
sind im Internet unter http://dnb.d-nb.de abrufbar.

Umschlag Vorderseite: Godefroy Engelmann, Vase mit Früchten und Vögeln,
Chromolithografie 1837
Umschlag Rückseite: Aberle & Co. fabriciren die schönsten Plakate, Berlin um 1890
Frontispiz: Plakat vor der Schrift, ohne Druckvermerk, um 1890

Inhalt

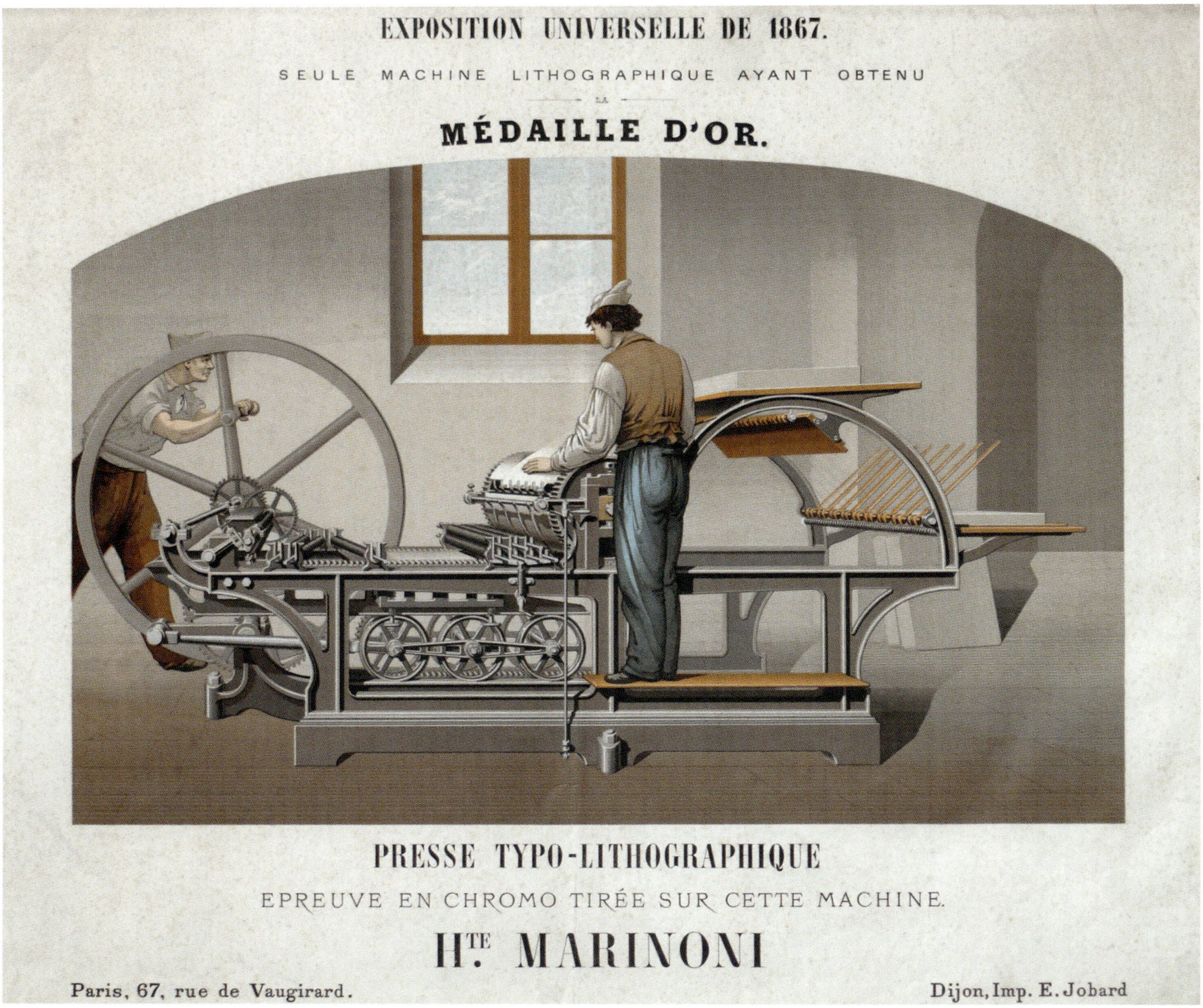


Hyppolite Auguste Marinoni, »Presse Typo-lithographique«, eine frühe Form der Rotationspresse,
Druck von Marinoni auf der Weltausstellung Paris 1867, Chromolithografie, 44,5 x 57 cm

»Als Kitsch noch Kunst war« – der Titel ist wörtlich zu nehmen: Viele der bunten Drucke in diesem Buch würden wir heute ohne zu zögern als Kitsch bezeichnen. Doch wurden sie zur Zeit ihrer Entstehung genauso selbstverständlich als Kunst angesehen.

Die meisten der hier zusammengestellten Farbendrucke befinden sich seit genau 120 Jahren im Museum für Kunst und Gewerbe Hamburg. Sie wurden 1893 inventarisiert. Offenbar plante der Museumsdirektor Justus Brinckmann eine Ausstellung zum Farbendruck, dessen Erfolgsgeschichte er in eigener Anschauung erlebt hatte. Er schrieb im Jahresbericht des Museums, wie ihm der befreundete Drucker Carl Griese von der Weltausstellung in Chicago amerikanische Druckerzeugnisse mitbrachte oder wie ihm viele Druckereien Beispiele ihres Könnens überließen. Doch zeigte er schließlich 1893 ausschließlich Plakate – eine Ausstellung, die er selbst für die erste ihrer Art in Deutschland hielt – und hob vor allem den Beitrag von Jules Chéret hervor, von dem er gerade zahlreiche Arbeiten in Paris erworben hatte.

Die traditionellen Chromolithografien, um die es hier geht und die Brinckmann zuvor gesammelt hatte, sahen trotz aller technischen Perfektion im Vergleich zu Chérets Plakaten bereits altmodisch aus. Und auch als Brinckmann zur »Jahrhundertfeier der Lithografie« 1896 frühe Erzeugnisse dieser Technik zeigte, ließ er, wie aus seiner Beschreibung der Ausstellung hervorgeht, den Farbendruck außen vor.

Dennoch: 120 Jahre später lohnt es sich, den Hamburger Bestand an früher farbiger Grafik vorzustellen. Nur wenige Museen verfügen über eine solche Vielfalt an Beispielen. Die von Brinckmann zusammengetragene Sammlung gestattet es, eine reich illustrierte Geschichte des industriellen Farbendrucks bis zu den Anfängen des Jugendstils zu erzählen.

Ausstellung und Katalog gehen auf die Initiative von Jürgen Döring zurück, den Leiter der Grafischen Sammlung des Hauses. Das Vorhaben hätte ohne die Hilfe von Kollegen nicht in dieser Form gelingen können. An dieser Stelle sei besonders Uta Jeschke, Theresa Heßling, Joanna Klysz-Hackbarth und Harald Dubau gedankt. Auch Kollegen vom Fach steuerten höchst willkommen ihr Wissen bei, allen voran Rainer Schoch in Nürnberg, Florian Hoffmann in Hannover und Hans-Walter Stork in Hamburg. Ihnen allen sei, auch im Namen des Autors, herzlich gedankt.

Wir freuen uns, dass der Deutsche Kunstverlag den Katalog in sein Verlagsprogramm aufgenommen hat. Und genauso freuen wir uns über die erneute Zusammenarbeit mit dem Käthe Kollwitz Museum in Köln. Es ist dies bereits die dritte Ausstellung aus unserer Grafischen Sammlung, die von Hannelore Fischer in ihrem der großen Grafikerin Käthe Kollwitz gewidmeten Museum gezeigt wird. Und bewährt hat sich auch ein weiteres Mal die Zusammenarbeit mit den Büchermachern in Berlin, mit Reschke, Steffens & Kruse. Das Museum für Kunst und Gewerbe Hamburg dankt!

Sabine Schulze
Direktorin Museum für Kunst und Gewerbe Hamburg

## Kitsch und Kunst

Das Wort Kitsch kennen andere Sprachen nur als Übernahme aus dem Deutschen. Es ist ein Phänomen: Zwar fällt es in der Regel leicht, ein Objekt als kitschig zu benennen, und darüber, was Kitsch ist, besteht schnell Einigkeit, doch eine Definition fällt schwer.

Kitsch und Kunst stehen sich nahe, und die Grenze wird oft vom Geschmack des Betrachters gezogen. Kitsch hat genauso wie Kunst keine Funktion im Alltag, sondern dient zu seiner Zierde. Objekte, die offensichtlich eine Funktion haben und die man dennoch als Kitsch empfindet, werden vor allem durch die Bestandteile zum Kitsch, die man ohne Notwendigkeit hinzufügte: Ornament und Dekoration. In dem Moment, in dem Objekte durch ihre Ausschmückungen – oder auch Bilder durch die Art ihrer Darstellung – als zu banal, als gefällig und süßlich empfunden werden, bezeichnen wir sie als Kitsch. Dies bedeutet aber auch, dass die Übergänge von Kunst zu Kitsch fließend sind und von der Sozialisation des Betrachters abhängen.

Hier geschieht die Verwendung des Begriffs pragmatisch: Die »Chromos«, wie der Handel sie abkürzend nennt, werden heute oft als kitschig empfunden. Und offenbar wegen ihrer Nähe zum Kitsch, aber sicher auch aufgrund ihrer Seltenheit, fanden sie bisher kaum Beachtung

## Einführung

Seite 9

Seit dem Clair-obscur-Holzschnitt im 16. Jahrhundert gab es immer wieder Versuche, mehrfarbig zu drucken. Doch als der Elsässer Godefroy Engelmann 1837 den lithografischen Farbendruck in Paris zum Patent anmeldete, geschah dies nicht als ein neues, vielleicht besser gelungenes Experiment. Vielmehr gedachte Engelmann tatsächlich, mit seinem verfeinerten lithografischen Verfahren dem Gemälde Konkurrenz zu machen.

So vermessen dies heute klingt – ganz Unrecht hatte Engelmann nicht. Denn binnen weniger Jahrzehnte eroberte sich der Bilddruck Bereiche, die zuvor ausschließlich dem gemalten Bild vorbehalten waren: Wandbilddrucke schmückten Wohnzimmer und Geschäftsräume. Und mit dem Plakat oder der Postkarte drangen Chromolithografien in Bereiche vor, die es zu Zeiten des gemalten Bildes noch nicht gegeben hatte.

Die Entwicklung der Druckgrafik im 19. Jahrhundert war von wenigen Konstanten bestimmt, die alle mit technischen Erfindungen zusammenhingen. Neue Druckverfahren ermöglichten höhere Auflagen und einen schnelleren Druck. Dann führte die Entwicklung des Verlagswesens zu einer rasant wachsenden Nachfrage nach Illustrationen. Und nicht zuletzt setzte die Erfindung der Fotografie – übrigens fast zeitgleich mit der Erfindung der Chromolithografie – neue Maßstäbe in der Abbildungstreue. An diesen Entwicklungen hatten die führenden Künstler des 19. Jahrhunderts so gut wie keinen Anteil.

Der Farbendruck des 19. Jahrhunderts lässt sich in vier Phasen einteilen: Bis zur Jahrhundertmitte hat sich nur wenig erhalten, und vieles davon hatte einen eher experimentellen Charakter. Hier ließe

sich, analog zur schwarzweiß gedruckten Lithografie (Winkler 1975), von der »Frühzeit« der Chromolithografie sprechen. Danach war das Druckverfahren ausgereift und drang in neue Bereiche vor, vom dekorativen Wandbilddruck bis zum Kinderbuch, von der Gelegenheitsgrafik bis zum repräsentativen Ereignisblatt. Nach 1870 führte der kommerzielle Erfolg der Chromolithografie zu einer regelrechten Explosion des Bilddrucks. Um 1890 setzte unter Pariser Künstlern schließlich eine Gegenbewegung ein, die im Bereich des farbig gedruckten Bildes zur Trennung von künstlerisch anspruchsvollen Drucken einerseits und populär und kommerziell ausgerichteten Drucken andererseits führte.

## Die Frühzeit der Chromolithografie

In diesem Buch geht es um die Entwicklung des Farbendrucks bis in die 1890er Jahre. Die Anfänge der Chromolithografie sind vergleichsweise gut erforscht (u. a. Twyman 2007). 1796 erfand der Münchner Alois Senefelder die Lithografie. Auch wenn er das Verfahren 1799 zunächst patentieren ließ als: »Geheimnis, Noten und Bilder auf Stein drucken zu können«, so experimentierte er von vornherein mit dem Farbendruck. In den 1820er Jahren gab es erste brauchbare Ergebnisse von Druckereien in Berlin, München und anderen deutschen Städten. Die Farben wurden im Vollton nebeneinander gedruckt (Twyman 2007, Abb. 3, 5). Im MKG befindet sich ein Beispiel von 1830 für dieses frühe Stadium des Farbendrucks, und zwar das in den Farben der Trikolore gedruckte Titelblatt zu einer Serie über die Julirevolution 1830.



Cornelis Ploos van Amstel, Winterlandschaft mit Friedrich V. von Böhmen und seiner Frau nach einer Zeichnung des Hendrik Averkamp von 1621, Amsterdam 1766, farbige Rouletteradierung, zum Teil koloriert, 21,6 x 22,3 cm
William Wynne Ryland, nach einem Gemälde von Angelika Kaufmann, Juno borgt den Gürtel von Venus, Druck Ryland, London 1777, Radierung in Crayonmanier, die Platte farbig präpariert, 36,5 x 30,7 cm

Seite 14–17 Godefroy Engelmann gelang, nicht als Erstem aber durchaus überzeugend, der weiche Farbübergang und durch Übereinanderdrucken eine Vielfalt von Farben. Zur Aufrasterung setzte sein Lithograf Rudolf Huber die Punktiertechnik ein: Farben wurden nicht flächig gedruckt, sondern in feinen, eng gesetzten Punkten.

Seite 30–39 Bei vielen der frühen, vor 1850 gedruckten Chromolithografien handelt es sich um Gelegenheitsgrafiken. Häufig wurden Titelseiten farbig gedruckt, aber auch festliche Grußadressen, Kalender oder Menükarten (Twyman 2007, S. 53 ff.). Bei derartigen Ephemera handelt es sich oft um kleinere Formate, die drucktechnisch leichter zu bewältigen waren. Und zudem gab es hierfür in der Regel feste Aufträge, so dass die Druckerei sicher sein konnte, für den ungleich größeren Aufwand des Farbendrucks Abnehmer zu finden.

## 1850–1870

Seite 42–55 Etwa um die Jahrhundertmitte war die Technik soweit fortgeschritten, dass immer häufiger auch große Formate farbig gedruckt wurden. Die meisten der in Hamburg bewahrten Beispiele aus den 1850er Jahren gingen aus konkreten Auftragssituationen hervor: Der Heidelberger Seniorenconvent ließ sich in einem Gruppenporträt verewigen, der Aachener Karlsverein kündigte die Restaurierung des Münsters an, oder die Düsseldorfer Gewerbeausstellung belohnte die Aussteller mit einem Erinnerungsblatt. Repräsentative Drucke, gerahmt an der Wand, bekundeten die erfolgreiche Teilnahme am städtischen und sozialen Leben der Zeit. Sie waren weniger für den Sammler gedacht, sondern erfüllten eine gesellschaftliche Funktion. Das bürgerliche Vereinswesen spielte in diesem Kontext eine bedeutende Rolle als Auftraggeber.

Seite 68–87 Farbige Ereignisbilder und Wandbilddrucke kamen etwa zu der Zeit auf, als städtische Kunstvereine begannen, mit grafischen Jahresgaben ihre Mitglieder zu erfreuen und ästhetisch zu bilden. Die Vereine veröffentlichten Reproduktionen anerkannter Kunstwerke und machten ihre Neuerwerbungen bekannt. Die Kunst der Nazarener oder auch die Düsseldorfer Malerschule erfuhren auf diese Weise eine große Verbreitung. In der Regel handelte es sich bei den Jahresgaben um Umrissradierungen, um penibel ausgeführte Stahlstiche oder auch um weich aber stets sorgfältig gezeichnete Kreidelithografien – in jedem Fall waren sie schwarzweiß gedruckt (Biedermann 2001).

Die Chromolithografie wurde, von wenigen Ausnahmen abgesehen, erst nach 1870 als Reproduktionstechnik eingesetzt. Dafür eroberte sich der Farbendruck, nach den Ereignisbildern, den Wandbilddrucken und den Ephemera, die weiterhin eine große Rolle spielten, einen schnell wachsenden Aufgabenbereich: die Illustration. Während der drucktechnische Aufwand für Tageszeitungen und überhaupt für Zeitschriften offenbar noch zu groß war, erschienen zunehmend Kinderbücher mit farbigen Illustra-
Seite 56–57 tionen. Zu den ersten Künstlern, die sich mit dem Farbendruck anfreundeten, gehörte der Berliner Theodor Hosemann. Winckelmann & Söhne, Druckerei und Verlag in einem und Arbeitgeber von Hosemann,

brachten seit der Mitte der 1850er Jahre Kinderbücher mit farbigen Titelbildern, aber schon bald auch durchgängig farbig illustriert heraus. Zunächst bereiteten kräftige Farben offenbar auf dem einfachen Buchpapier noch Probleme und man fügte Farbtupfer von Hand hinzu. Aber kaum ein Jahrzehnt später begnügte man sich mit der weiter entwickelten Chromolithografie.

Seite 58–67

### 1870–1890

Die wirtschaftliche Bedeutung, die der Farbendruck seit der Jahrhundertmitte erlangte, lässt sich vielleicht am besten daran ablesen, in welchem Maße nach neuen, besseren oder auch einfacheren Techniken gesucht wurde. Erfolgreichstes Beispiel hierfür ist der Londoner Drucker Edmund Evans, der sich auf den farbigen Holzstich spezialisierte. Der Holzstich, eine im Grunde genommen wenig innovative Technik, hatte in England durch die Dalziel-Brothers und andere Stecher in den 1860er Jahren eine solche Perfektion erreicht, dass er sich als Illustrationstechnik dort vor der Lithografie durchsetzte.

Edmund Evans spezialisierte sich auf Kinderbücher und arbeitete mit Walter Crane zusammen, einem der führenden Vertreter der Präraffaeliten. Als Crane die Zusammenarbeit beendete, konnte Evans mit Randolph Caldecott und Kate Greenaway zwei nicht minder bedeutende Illustratoren gewinnen, die mit ihren Kinderbüchern weit bis ins 20. Jahrhundert hinein vorbildhaft wirkten. Nicht zuletzt der Erfolg von Evans führte dazu, dass sich der Holzstich in England länger hielt als in anderen Ländern.

Auch in Deutschland wurden farbige Holzschnitte mit Erfolg eingesetzt, etwa von dem Berliner Verleger Richard Bong, der schon früh Zeitschriften mit ihnen illustrierte (Schaar 1988, S. 197 ff.). In Paris experimentierte der Drucker Charles Gillot mit der farbigen Strichätzung, ebenfalls einem Hochdruckverfahren. Mit seinem Hauptwerk, dem 1883 von Eugène Grasset illustrierten Mittelalterepos *Les quatre fils Aymon*, suchte Gillot den Kinderbüchern von Evans, die auch in Frankreich vertrieben wurden, Konkurrenz zu machen. Seite 17–19

Seit den 1870er Jahren gab es immer wieder Versuche, die Fotografie in den Farbendruck einzubinden (Hess 2007, S. 144 ff.). In einem in Hamburg entwickelten Verfahren, der sogenannten Stenochromie, wurde der Pigmentdruck nicht auf weißes Papier aufgetragen, sondern auf ein passend zum Motiv ein-

Eugen Napoleon Neureuther, Titelbild für einen Zyklus über die Julirevolution 1830, Verlegt von Knecht & Roissy, Paris 1831, Chromolithografie, 52,6 x 43 cm

Seite 20–25

gefärbtes Papier. Die Fotografie übernahm dann die Funktion des Zeichensteins. Doch erwiesen sich die Verfahren allesamt als zu kompliziert und konnten sich kommerziell nicht durchsetzen. Ähnliches galt auch für den farbigen Lichtdruck.

Die Chromolithografie dagegen wurde in ihren Arbeitsschritten ständig verfeinert. Die Qualität der Druckfarben und damit die Farbqualität der Grafiken wuchsen kontinuierlich. So verwundert es nicht, dass wichtige neue Medien dieser Jahre ausschließlich lithografisch gedruckt wurden: das Plakat und das Sammelbild.

Seite 13, 27

Plakate gab es bereits seit dem frühen 19. Jahrhundert. Doch waren sie zunächst allenfalls mit einfachen Holzschnitten illustriert. Der Pariser Drucker Rouchon begann in den 1840er Jahren, den aus der Tapetenherstellung abgeleiteten Schablonendruck für Plakate einzusetzen, eine Technik, die sich bald als zu steif und grob herausstellte. Von ungleich größerer Bedeutung für die Geschichte des Plakates war Jules Chéret, der seit 1866 in Paris die moderne Farblithografie entwickelte. Indem er Schrift und Bild zu einer Einheit verband und seine Kompositionen so reduzierte, dass sie auch in der Ferne wirkten, kann er zu Recht als der Erfinder des modernen Bildplakates gelten. Doch gehört Chéret bereits einer späteren Etappe der Plakatgeschichte – und des Farbendrucks – an, so dass er hier nur am Rande vorkommt.

Seite 100–119

Abgesehen von den Arbeiten Chérets – und von Plakaten für das Schaustellergewerbe – handelte es sich bei Bildplakaten vor und um 1890 um Chromolithografien. Sie konnten ausschließlich im Innenraum gehängt werden, da ihre empfindliche Oberfläche nicht wetterfest war. Sie warben für Lebensmittel – besonders für Luxusgüter wie Kaffee oder Kakao – und andere Produkte. Im Format unterschieden sie sich nicht von Wandbilddrucken und dürften, ähnlich wie diese, gerne als Wanddekoration gehängt worden sein.

Seite 88–99

Sammelbilder kamen nach 1870 in Paris auf. Sie lagen Lebensmittelpackungen bei und erreichten binnen eines Jahrzehnts eine enorme Verbreitung. Sie verdrängten mit ihren unterhaltsamen und auch belehrenden Inhalten die traditionellen Bilderbögen, die in den Jahrzehnten zuvor als schablonenkolorierte Lithografien äußerst erfolgreich gewesen waren. Das kleine Format des Sammelbildes verpflichtete zu großer Sorgfalt im Druck.

Um 1890 waren Chromolithografien in einem Maße verbreitet, dass sie auch kritische Stimmen hervorriefen. Bereits 1874 hatte ein amerikanischer Journalist den Niedergang der Sitten in Amerika beklagt und erfand das Wort »Chromo-Civilization«, ein Begriff, der »im Verständnis zeitgenössischer Beobachter und Historiker für die schlechte Moral, besonders in der Wirtschaft und Politik, und für Materialismus« stand (Marzio 1979, S. 1). Doch überwogen die Befürworter der Entwicklung, und 1893 sagte ein Vertreter des amerikanischen Lithografienverbandes: »Innerhalb weniger Jahrzehnte erhob sich der öffentliche Geschmack aus der Missachtung des Schönen (...) und schätzt nun die dekorativen Angebote, die eine großzügige Industrie so günstig gemacht hat, dass sie in die Reichweite Aller kamen, um ihr Heim zu verschönern. Die deprimierende Monotonie leerer Wände hat hellen Farben Platz gemacht. (...) Es gibt keinen Ort mehr, arm oder reich, wo man keine Bilder sieht« (*Lithographer's Journal* 1893, S. 52.).

Um 1890

Vor allem aus zwei Gründen erscheint es angebracht, unsere Geschichte um oder kurz nach 1890 zu beenden: Zum einen setzten sich neue Techniken durch und zum anderen eroberte eine junge Generation von Künstlern den Farbendruck und zeigte völlig neue stilistische Möglichkeiten auf. Beides, die neuen Techniken wie auch der künstlerische Farbendruck, ließen die Chromolithografien altertümlich erscheinen. Natürlich gab es sie weiterhin, mancherorts sogar bis über den Ersten Weltkrieg hinaus, doch wurden sie immer mehr zu einer Randerscheinung.

Die moderne Farblithografie war von Jules Chéret fast im Alleingang entwickelt worden. Seite 25-28 Er führte die Spritztechnik ein, das »crachis«, und ihm gelang damit eine Leichtigkeit und Feinheit von Tonwerten, die bis dahin kein maschinelles Raster oder Punktiermethode erreicht hatten. Zunächst bevorzugte Chéret die Farben Rot, Grün und Schwarz, ging aber 1889 dazu über, in den Grundfarben zu drucken. So konnte er mit nur drei Steinen das gesamte Farbenspektrum wiedergeben und schuf Werke von einer ungekannten Frische und Lebendigkeit. Zugleich war seine Methode technisch wesentlich einfacher zu realisieren als die nur im industriellen Maßstab zu bewältigende Chromolithografie mit ihrer größeren Zahl von Drucksteinen und dem genau zu kalkulierenden vielfachen Übereinanderdrucken von Farben. Aus der industriellen Technik der Chromolithografie wurde die moderne Farblithografie, die auch ein einzelner Künstler anwenden konnte.

Chéret erhielt auf der Weltausstellung 1889 eine Goldmedaille für seine Plakate und unmittelbar darauf eine Einzelausstellung in der angesehenen Pariser Galerie La Bodinière (Le Men 2010, S. 51 ff.). Chérets Erfolg war der Auslöser der »Affichomanie«, des »poster boom«, wie es in London hieß, oder der Plakatsucht, wie die Bewegung des Bildplakates in den 1890er Jahren in Deutschland genannt wurde. Das Plakat wurde zum Vorreiter einer Bewegung der Farblithografie, an der Künstler wie Henri de Toulouse-Lautrec Seite 120–127 oder Pierre Bonnard entscheidenden Anteil hatten. Farbholzschnitte, die etwa zeitgleich unter jungen Künstlern in Mode kamen, beriefen sich auf das Vorbild des japanischen Farbholzschnitts.

Vor 1890, genauer vor 1888/89, hatten sich bildende Künstler vom Farbendruck ferngehalten, da er als industrielles und rein kommerzielles Erzeugnis galt. Künstlerisch anspruchsvolle Grafik, dies hatte die Generation der Maler-Radierer propagiert, war ausschließlich schwarzweiß (Schaar 1977, S. 48). Diese Einstellung änderte sich unter dem Einfluss des Plakates und des japanischen Farbholzschnitts nur allmählich. Erst 1898 waren farbige Grafiken wieder in der wichtigsten Pariser Ausstellung, dem Salon d'Automne, zugelassen.

Jules Chéret, Titel für einen Verkaufskatalog seiner Plakate, verlegt von der Grafikhandlung Sagot,
Druck: Chaix, Paris 1891, Farblithografie, 29,2 x 40,4 cm

Godefroy Engelmann (1788–1839) erlernte in München bei Johann Nepomuk Strixner, einem der ersten Lithografen, das damals noch junge Handwerk. Zurück in seiner Heimatstadt Mulhouse baute er eine eigene Lithografiewerkstatt auf und veröffentlichte in den nächsten zwanzig Jahren mit einigem Erfolg Landschaften und Reproduktionsgrafiken. Im Dezember 1836 stellte er seine ersten farbig gedruckten Lithografien der »Société industrielle de Mulhausen« vor und wurde dafür als Erfinder und Erneuerer der Lithografie gewürdigt. Kurz darauf reichte Engelmann sein Patentschreiben an die Académie française in Paris ein: *Rapport chromolithographiques ou Recueil d'essais du nouveau procédé d'impression lithographiques en couleur.*

Die Patentschrift besteht neben der Titelseite aus sieben Lithografien mit unterschiedlichsten Motiven, gedruckt in kräftigen und in der Tat für ihre Zeit hervorragenden Farben. Eine beiliegende Textseite

Godefroy Engelmann, eine von sieben Chromolithografien aus dem »Album chromolithographique«, Mulhouse 1837, 26,8 x 34,3 cm

Godefroy Engelmann, Album chromolithographique, Titelseite, Druck: Engelmann et fils, verlegt von J. Risler in Paris, Mulhouse 1837, Chromolithografie, 40,2 x 28,8 cm

erläutert nicht etwa die Besonderheiten des technischen Verfahrens, sondern begründet in umständlichen Sätzen die Bedeutung der Erfindung. Es beginnt mit dem Hinweis auf die Malerei: »Wenn man in den Künsten der Zeichnung der Malerei die Vorherrschaft zuweist, so geschieht dies, weil sie die Natur mit den feinsten und reichsten Farben wiedergeben kann und daher auf eine Weise, die der Wahrheit am nächsten kommt und die die stärkste Ausdruckskraft hat.«

Für Engelmann war die Farbe der entscheidende Grund für die Überlegenheit der Malerei über die Lithografie, und er folgerte im Umkehrschluss, dass die Lithografie dank seiner Erfindung nun mit der Malerei gleichziehen könne. Ob aus Naivität oder rhetorischen Gründen – jedenfalls klammerte er andere Faktoren aus, die die Malerei durchaus über das gedruckte Bild erheben – Spontaneität, Originalität oder größere Formate etwa. Weiter schrieb er: »Lithografie in Farbe! ... ist das nicht in der Tat eine Verbesserung, die es verdient, untersucht zu werden, und die Bemühungen wert ist, die es schon darum gegeben hat. Drucke in Farbe von Kupferplatten gibt es bereits, doch waren die Ergebnisse nicht gut genug und reichten allenfalls für Reproduktionen ohne künstlerischen Wert, für Bilder beispielsweise, bei denen man mit dem Pinsel die Abzüge retuschieren musste, und einen größeren Verdienst brachten sie allenfalls den mehr oder weniger fingerfertigen Koloristen.

Die Lithografie hat einen solchen Grad von Perfektion erreicht, dass ich glaube – wenn ich es wagen darf mich so auszudrücken – dass sie an einen Endpunkt des ersten Teils ihrer Entwicklung gelangt ist und dass für sie nun eine neue Ära beginnen muss. Angetrieben von dieser Überzeugung, begab ich mich auf die Suche nach Möglichkeiten ein neues Feld für sie zu eröffnen, ein Feld noch größer als das, das sie bereits durchschritten hat. Und dieses Album, das ich heute der Öffentlichkeit übergebe, enthält die ersten Versuche der *Lithografie in Farben*, auch genannt *Chromolithografie*.«

Der prächtig gerahmte Titel des kleinen Mappenwerks wartet mit bunt schillernden Grotesken auf. Der Titel ist in Gold über Rosa und Hellblau geschrieben. Das Ornament erinnert an das Rollwerk der Renaissance, angereichert mit Vögeln, Früchten und Blumen. Unten stehen sich die Verkörperungen der Lithografie und der Malerei in Gestalt kleiner Hermen gleichberechtigt gegenüber.

Ein kleiner gedrucktes Postskriptum der Patentschrift von Engelmann enthält den kommerziell entscheidenden Teil des Schreibens: Der Verleger und Drucker beantragte für zehn Jahre das alleinige Recht, die neue Technik in Frankreich auszuüben.

Die Lithografien selbst sind weniger in künstlerischer Hinsicht interessant – zum überwiegenden Teil handelt es sich um Reproduktionen – als in drucktechnischer. Bereits vor 1836/37 gab es eine ganze Reihe von farbigen Lithografien, doch unterscheidet sich Engelmann in einer Hinsicht von allen seinen Vorgängern und Konkurrenten: Es gelangen ihm glaubwürdig fließende Übergänge zwischen Farben und Hell und Dunkel. Er erreichte dies durch Variation beim Farbauftrag, indem er statt des üblichen flächigen Farbauftrags an den Farbübergängen mit der Punktiertechnik arbeitete, das heißt mit kleinen, dicht gesetzten Punkten. Die Wirkung entsprach dem erst später eingesetzten mechanischen Raster der sogenannten Tangier-Methode, doch wurden bei Engelmann die einzelnen Punkte noch von Hand gesetzt.

Der Nürnberger Gelehrte und Mitarbeiter am Germanischen Nationalmuseum Hanns von Weissenbach war vom Farbendruck fasziniert und gab 1878 ein Mappenwerk heraus, um exemplarisch das Zusammenwirken der einzelnen Druckformen und Farben zu demonstrieren. Dazu wählte er eine »Musterleistung«, das Titelbild des *Missale Romanum* der Wiener Ausgabe von 1861. Ein Missale oder Messbuch legt in der katholischen Kirche den Ablauf der Messe fest. Seit dem 16. Jahrhundert geschieht dies nach römischen Vorgaben. Die festliche Wiener Ausgabe wurde von dem auf Kirchenfenster spezialisierten Maler Johann Klein (1823–1883), einem Nazarener der zweiten Generation, entworfen und von Heinrich Knöfler (1824–1886) für den Farbendruck in zwölf Druckformen gestochen. Das Titelbild zeigt im Zentrum das Abendmahl, umgeben von Medaillons mit Propheten und Szenen, die auf die Sakramente hinweisen. Reiche Farben und eine kostbare Rahmung, die filigran auf dem Blattrand ausläuft, schaffen überzeugend die Illusion mittelalterlicher Buchmalerei.

Weissenbach erläutert das Verfahren des Holzstichs – er spricht von Holzschnitt und macht damit nicht die heute übliche Unterscheidung zwischen der Bearbeitung von Langholz und Stirnholz – ausdrücklich für Laien. Zwölf verschiedene Farben und damit ebenso viele Druckstöcke waren nötig, um die prächtige und in der Tat mittelalterlich anmutende Malerei als »Xylografie«, als Holzschnitt, zu reproduzieren. Weissenbach schreibt:

Rudolf Huber nach einem Gemälde von Thomas Lawrence, Master Lambton, Chromolithografie, 35,5 x 26,9 cm
Rudolf Huber, Wasserfall von Giesbach, Chromolithografie, 36 x 27,8 cm
Beide aus dem »Album chromolithographique« des Godefroy Engelmann, Mulhouse 1837

»Soll ein Bild in Farbenholschnitt vervielfältigt werden, so wird es in seinen Konturen und mit allen Schraffierungen und zwar in umgekehrter Stellung auf den Holzstock mit der Hand gezeichnet oder mittels Chromgelatineverfahren photographisch übertragen. Sodann wird es ›geschnitten‹, d. h. es werden alle Lichter, alle nicht gedeckten Stellen bis zu einer solchen Tiefe mit dem Grabstichel herausgearbeitet, daß sie bei dem nachfolgenden Aufwalzen der Farbe von derselben nicht getroffen werden können. Nach Vollendung dieser Arbeit werden von der Platte, auf welcher das zu vervielfältigende Bild nunmehr steht, so viele Abdrücke auf dünnes Papier gemacht, als man einzelne Farbenstöcke in Anwendung zu bringen gedenkt. Diese Abdrucke werden in noch frischem Zustande mit der bedruckten Seite auf die einzelnen Holzplatten gelegt und mittels Reiben mit einem Falzbein auf dieselben übertragen. Auf diese Weise erhält man die auf dem ersten Holzstock stehende Zeichnung auf allen übrigen Holzplatten.

Um nun mit möglichst wenigen Platten eine getreue Kopie des in Druck wiederzugebenden Bildes zu erreichen, muß sich der Xylograph die im Original vorkommenden gebrochenen Farben zerlegen, um durch Uebereinanderdrucken auch diejenigen Töne zu treffen, für welche keine besondere Platte genommen werden soll. Ferner erzielt man durch das Aufeinanderfallen verschiedenfarbiger Strichlagen eine Weichheit der Uebergänge von einer Farbe zur anderen. Nach der Theorie ist es zwar möglich, eine jede Farbenabtönung (natürlich Gold und Silber ausgenommen) mittels der drei einfachen Farben Roth, Gelb, Blau zu erzielen. Allein praktisch ist dies weder in der Chromolithographie noch in der Chromoxylographie ausführbar. Die dazu notwenige, äußerste Farbenzerteilung läßt sich bei beiden nicht erreichen. Außerdem aber steht die mangelhafte Beschaffenheit unserer irdischen Pigmente nicht unwesentlich im Wege. Mit

Heinrich Knöfler nach Johann Klein, *Missale Romanum*, Druckverlauf der Titelseite, gedruckt von Ludwig Lott in Wien 1861, Verlaufsdrucke unter Verwendung der Wiener Druckstöcke von Max Huttler, München 1878, Holzstich, je ca. 46 x 31 cm

äußerster Sorgfalt und feinem Gefühle wird jede mit der vollständigen Zeichnung versehene Holzplatte für die betreffende Farbe in Flächen und Linien ausgezeichnet und dann geschnitten. Der anfänglich zum Zweck der Umdrucke angefertigte Holzschnitt wird in die Reihe der Farbenstöcke als Konturplatte an einer der ersten Stellen mit einbezogen. In der vorliegenden Farbenskala ist er dunkelbraun an zweiter Stelle gedruckt. Er werden aus ihm blos jene Partien entfernt, die im Bilde von lichterer Farbe sind.

Zur Wahrnehmung etwaiger Mängel und Abhilfe derselben, sowie zur Beurtheilung der beabsichtigten Wirkung der unterschiedlichen Farben ist es geboten, Probe-Abdrucke in der Aufeinanderfolge aller Farbstöcke zu machen. Die Ausführung eines Bildes in Farbendruck erzielt man am besten vermittels einer solid gebauten Buchdrucker-Handpresse. Das Auflegen der Bogen geschieht beim ersten Druck auf eine Anzahl Spitzen (Punkturen), welche am Deckel der Presse an gewählter Stelle angebracht werden und sich durch den Druck von selbst in die Bogen einstechen. Dann wird das zu bedruckende Quantum Papier in Einem durchgedruckt. Bei jedem nun folgenden Druck einer Farbe wird der Bogen in die bereits gestochenen Löcher auf dieselben Punkturen gesteckt, so daß der bereits bedruckte Theil eines Bogens in die bereits gestochenen Löcher auf dieselbe Stelle der Druckform zu liegen kommt. Die Aufeinanderfolge der Farben wird gewöhnlich derart eingerichtet, daß man die weniger durchscheinenden den lasierenden Farben vorangehen läßt.« (Weissenbach 1878, leicht gekürzt)

Der Lichtdruck wurde 1856 von dem französischen Fotografen Poitevin erfunden, um fotografische Aufnahmen zu vervielfältigen. Die Weiterentwicklung des höchst komplizierten Verfahrens durch den Münchner Joseph Albert um 1870 ermöglichte eine größere Zahl von brauchbaren Abzügen. Nicht viel später dürften die vorliegenden Drucke entstanden sein, die mit noch experimentellen Methoden demonstrieren, dass der Lichtdruck auch das Potential zum Farbendruck hatte.

Beim Lichtdruck wird eine Glasplatte mit einer dünnen Gelatineschicht versehen, die durch chemische Zusätze lichtempfindlich gemacht wurde. Durch ein Negativ wird die Druckform belichtet. Durch chemische Reaktionen auf das Licht kommt es zu einem unterschiedlich starken Aufquellen der Gelatineschicht, entsprechend der Graustufen im Negativ. Nach weiteren Arbeitsschritten entsteht ein sehr flaches Relief, in das die Druckfarbe eingewalzt und dann mit Druck auf das Papier übertragen wird. Die tiefer liegenden Partien nehmen mehr Farbe auf und drucken dunkler. Das Verfahren ermöglicht differenzierte und übergangslose Grautöne. Erkennbar ist der Lichtdruck an seiner charakteristischen feinen Körnung, dem sogenannten Runzelkorn, das unter einer guten Lupe deutlich zu erkennen ist.

Für die *Gesellschaft im Park* waren vier Druckformen nötig, die zunächst alle mit demselben Negativ belichtet wurden. Dann manipulierte der Drucker mit einem feuchten Pinsel die Gelatineschichten der einzelnen Druckformen. Die Zustandsdrucke lassen deutliche Wischspuren erkennen. Mit diesen Eingriffen wurde die Intensität der Farben dergestalt gesteuert, dass ihr Zusammenklang den gewünschten Effekt ergab. Wahrscheinlich kostete es zahlreiche Versuche, bis ein so überzeugendes Ergebnis erreicht wurde.

Die besondere Qualität des Lichtdrucks lag in der von Beginn an bewunderten »photographischen Treue«, mit der Vorlagen wiedergegeben werden konnten. Dies führte dazu, dass Wilhelm von Bode 1895, als die Diskussion um »Originalgrafik« aufkam, den Lichtdruck mit originalgrafischen Techniken, bei denen die Druckform ausschließlich vom entwerfenden Künstler bearbeitet wird, gleichstellte (Bode 1895, S. 32).

nach Antoine Watteau, Gesellschaft im Park (Original im Louvre, gemalt um 1717), Druckverlauf mit vier Druckformen, München (?) um 1875, Lichtdruck, je 40 x 49,3 cm (Plattenrand)

Die Weichheit der Farben und stufenlosen Übergänge von Hell zu Dunkel, die der Lichtdruck ermöglicht, kommen bei dem hier gewählten Motiv besonders zur Geltung. Watteaus diffuse Wiedergabe von Bäumen oder von Lichtreflexen wäre mit früheren grafischen Techniken kaum wiederzugeben gewesen. Mit der Wahl dieses Motivs vermochte der unbekannte Drucker daher die Überlegenheit seiner Technik sehr gut demonstrieren.

Antoine Watteau war für fast ein Jahrhundert in Vergessenheit geraten und wurde in den 1870er Jahren wiederentdeckt. 1870 veröffentlichten die Brüder Goncourt in Paris ihre immer noch grundlegende Biografie, und fünf Jahre später folgte ihr Werkverzeichnis. Von nun an gehörte Watteau zu den hoch gehandelten Künstlern, die in jedem größeren Museum vertreten sein mussten. Dass der Lichtdruck wahrscheinlich vor dem Hintergrund dieser Wiederentdeckung entstand, lässt die kleine Szene unter dem Hauptbild vermuten: Als Randeinfall wird hier eine Rötelzeichnung reproduziert, die mit dem Gemälde darüber nichts zu tun hat, die aber auf die bis heute hoch gerühmten Zeichenkünste des Malers hinweist. – Eine Datierung in die Jahre um 1875 wird auch von einem Hinweis von Hanns von Weissenbach unterstützt, der 1878 von ersten erfolgreichen Versuchen mit farbigen Lichtdrucken berichtete (Weissenbach 1878).

Die Motive auf diesen Seiten sind belanglos, interessant ist jedoch die äußerst seltene Drucktechnik. Die Stenochromie war ein Verfahren, das der Hamburger Otto Radde gemeinsam mit seinem Kompagnon Greth in den 1870er Jahren entwickelte. Wie auch andere in dieser Zeit (siehe Hess 2007) erstrebte Radde die Vervielfältigung von Fotos ohne manuelle Hilfsmittel und darüber hinaus ihre naturnahe Färbung. Dazu verband er zwei Techniken miteinander, eine besondere Variante der Chromolithografie und die Woodburytypie.

Der Farbendruck geschah in nur einem Durchgang, da die Druckform wie ein Laubsägenpuzzle aus Farbflächen zusammengesetzt war, die mit dem Motiv korrespondierten. Die Idee geht bereits auf Alois Senefelder zurück; der Erfinder der Lithografie sprach dabei von einem Mosaikdruck. Radde präparierte farbige Täfelchen, indem er die Farbpigmente in einer Mischung aus Hammelnierenfett, Bienenwachs und Leinöl zu einer festen Masse verband. Er schnitt die Täfelchen passend aus und verschmolz sie miteinander zur Druckform. Von diesem farbigen Mosaik wurde eine dünne Lage durch eine heiße Walze abgehoben, auf die dann die fotografische Schicht mit den Grautönen aufgetragen wurde. Bei dieser handelte es sich um eine Woodburytypie, ein Pigmentdruck, der Mitte der 1860er Jahre erfunden worden war. Wie der Lichtdruck – siehe die vorhergehende Seite – basierte die Woodburytypie auf der Lichtempfindlichkeit von entsprechend behandelter Gelatine. Durch ein Negativ belichtet, vermochte diese Schicht die Grauwerte des Negativs in ein flaches Relief umzusetzen, von dem gedruckt wurde – im Falle der Stenochromie jedoch nicht auf weißes Papier, sondern auf eine farbige Schicht.

1877 wurde das Verfahren im Polytechnischen Journal beschrieben und erwähnt, dass Otto Radde, »wie englische Blätter melden, der Society of Arts in London wirklich gute und reine, in Oel- und Wasserfarben nach seiner Methode im Großen ausgeführte, vielfarbige Proben von Farbendruckbildern vorlegen konnte« (Anonymus 1877). Dennoch sollte der Stenochromie kein wirtschaftlicher Erfolg beschieden sein. Die Technik war zu kompliziert, und zudem setzte sich kaum ein Jahrzehnt später der lithografische Dreifarbendruck durch. Auch die erreichte Auflagenhöhe dürfte zu gering für einen kommerziellen Erfolg gewesen sein. Bei den Hamburger Beispielen erreicht die Stärke der Farbschicht fast einen Millimeter, so dass eine Druckform von zwei Zentimeter Stärke wohl keine 30 Abzüge erlaubt hätte.

Lautenspielerin, Hamlet, jeweils Farbschicht und fertiger Druck, Druck: Otto Radde, Hamburg um 1875,
Stenochromie, 16,5 x 12,3 und 16,5 x 13,5 cm

Nach Tony Faivre (1830–1905, Fotograf), Im Wintergarten, Druck von Otto Radde, Hamburg 1875
(das Foto ist signiert und datiert), Stenochromie, 30,5 x 23,2 cm

Der Dirigent des Athener Militärorchesters, Joseph Kaissaris, veröffentlichte eine ganze Reihe seiner Walzer und anderen Kompositionen. Sie wurden in Athen verlegt, aber in Leipzig in der auf Noten spezialisierten Druckerei Röder hergestellt. Sehr naheliegend wählte der Illustrator für eines der bekanntesten Werke des Komponisten, *La Fleur de Lys*, Lilien als Motiv. Vor einem goldenen Kreis leuchten sie in Weiß und Rot.

Der Druck geschah von fünf Druckformen, wobei die graue Tonplatte und die goldene Druckform sich ergänzen und bis auf die weiß ausgesparten Blüten den gesamten Fond bedecken. Der Umgang mit den Farben ist professionell und effektvoll. Allerdings macht die Verteilung der Farben einen additiven Eindruck und ist mehr von klaren Lokalfarben als von fließenden Übergängen geprägt. Die Umsetzung des Motivs erscheint zwar perfekt, wirkt aber nicht natürlich. Noch vermochte man die Kenntnis von den Grundfarben und ihrer Mischung nicht überzeugend umzusetzen.

Die Lithografie wurde 1796 in München von Alois Senefelder erfunden. Grundsätzlich basiert die Technik auf der chemischen Tatsache, dass Fett und Wasser sich abstoßen. Anders als bei allen früheren Drucktechniken, bei denen die Farbe entweder aus Vertiefungen auf das Papier gepresst oder von stehengebliebenen hohen Flächen übertragen wurde, ist die Lithografie ein Flachdruckverfahren, das heißt die druckenden Teile sind genauso flach wie die nicht druckenden. Bei der traditionellen Lithografie besteht die Druckform aus Solnhofener Schiefer, einem sehr feinen Kalkstein, der in seinen winzigen Poren Feuchtigkeit aufzunehmen vermag. Die Stellen, an denen der Stein mit fetthaltiger Lithografietusche oder -kreide bezeichnet wird, nehmen keine Feuchtigkeit auf. Und beim anschließenden Druckvorgang haftet die ebenfalls fetthaltige Druckfarbe nur an den zuvor bezeichneten Stellen. Sie wird vom nackten Stein, der zuvor befeuchtet worden war, abgestoßen. Diese Beschreibung ist sehr vereinfacht und lässt eine ganze Reihe von nötigen Behandlungen des Steins, darunter auch Ätzvorgänge, aus. Ein großer Vorteil der Lithografie besteht in der Spontaneität, die sie dem Zeichner gestattet, und in der Präzision,

Notentitel für *La Fleur de Lys* von Joseph Kaissaris, Druckverlauf mit Tonplatte, Gold und den drei Grundfarben, Druck: C.G. Röder, Leipzig 1885 Chromolithografie, je 34,3 x 27 cm

mit der auch feinste Nuancen gedruckt werden. Für ein farbiges Bild benötigte die Chromolithografie, wie sie von Engelmann benannt wurde, in der Regel fünf und mehr Druckformen, die von Hell nach Dunkel übereinander gedruckt wurden. Um Zwischentöne und Helldunkel-Abstufungen zu erreichen behalf man sich mit Rastern oder der Auflösung von Farbflächen in kleine Punkte. Erst gegen 1890 entdeckte man das Zusammenspiel der Grundfarben.

Der Pariser Lithograf und Maler Jules Chéret (1836–1932) gilt zu recht als der große Pionier des modernen Plakates, das er fast im Alleingang zwischen 1860 und 1890 entwickelte. Daneben wird häufig vergessen, dass er auch für die Farblithografie Entscheidendes leistete. So setzte er seit den 1870er Jahren mit Erfolg die Spritztechnik (»crachis«) ein. Statt den Lithografiestein flächig mit Farbe oder mit einem gleichmäßigen Raster zu bedecken, bespritzte er ihn mit kleinen Farbflecken. Deren Dichte bestimmte die Intensität der Farbe. Auf diese Weise erreichte er differenzierte Halbtöne und vermochte mit drei Drucksteinen ein reiches Farbenspektrum abzubilden. Zunächst druckte er in den Farben Rot, Grün und Schwarz. 1889 ging er, unter dem Einfluss des Physikers Charles Henry (siehe Seite 120), dazu über, die Grundfarben Rot, Gelb und Blau zu verwenden. Indem er diese Farben mit seiner Spritztechnik gezielt mischte, konnte er – offenbar als erster – von nur drei Steinen alle gewünschten Farben erzielen.

Im Museum für Kunst und Gewerbe Hamburg befindet sich eine ganze Reihe von Probedrucken Chérets, die einen Druckverlauf dokumentieren – darunter auch sieben Andrucke des 2,4 Meter hohen Plakates für die Grafikhandlung Sagot (Döring 2002, S. 56) – jedoch kein vollständiger Satz. So sind auf der folgenden Seite, um die besonderen Qualitäten des Chéret'schen Farbendrucks zu demonstrieren, vier Andrucke einer verkleinerten Wiedergabe des Plakates *La Diaphane* ausgewählt (Bargièl/Le Men 2010, Nr. 1221). Sie entstanden für den Nachdruck in der Zeitschrift *Le Maître de l'Affiche* (Marx 1977, pl. 121).

Druckverlauf für Maitre de l'Affiche, Lithografie, je ca. 46 x 34,5 cm

Jules Chéret, *La Diaphane*, Druck: Chaix, Paris 1890, Farblithografie (Maße des Plakats: 42,2 x 87,2 cm, Ausschnitt)

Chérets Plakat warb mit dem Porträt der Schauspielerin Sarah Bernhardt für ein weißes Gesichtspuder. Der Künstler setzt ihr Profil wirkungsvoll vor dunklem Hintergrund in Szene. Die schwarzen Handschuhe – eigentlich ein Markenzeichen der Konkurrentin Yvette Guilbert – betonen das Thema: Sie halten die Puderdose und den Wattebausch. Überzeugend gelingen Chéret Farbkontraste und weiche Übergänge, ohne dass die Farben an Leuchtkraft verlieren. Besonders eindrucksvoll wirken die rot-orangen Haare, und auch die grünen Schatten im Gesicht fallen auf. Das Gesicht ist von unten beleuchtet, wie es damals der Situation am Schminktisch entsprach – noch gab es hier Kerzenschein und kein elektrisches Licht.

Das Plakat ist in den Grundfarben Rot, Gelb und Blau gedruckt; das Beinahe-Schwarz der Handschuhe wird durch Übereinanderdrucken aller drei Farben erreicht. Manche Töne, wie das leuchtende Orange der Haare oder das feine Grün als Schatten auf der Nase, hatte es zuvor nicht gegeben. Der Vergleich mit der nur wenige Jahre zuvor entstandenen Chromolithografie für den Notentitel – siehe Seite 24–25 – offenbart das Neue an Chérets Umgang mit dem lithografischen Farbendruck.

Die Autotypie wurde um 1880 in den USA und Deutschland erfunden. 1882 meldete der Münchner Georg Meisenbach das nun ausgereifte Druckverfahren in London zum Patent an. Erste Experimente hatte in den 1850er Jahren bereits der amerikanische Fotopionier William Fox Talbot unternommen. Und in der Tat geschahen die weiteren Forschungen in erster Linie mit der Absicht, die Fotografie mit ihren Grautönen zu vervielfältigen.

Die Druckform der Autotypie ist lichtempfindlich und wird von einem Negativ belichtet. Allerdings geschieht dies durch ein sehr feines Netzraster, und die Grauwerte des Negativs werden so in regelmäßig

Der Frühling, Druck im Auftrag des Farbenherstellers Beit & Co, Hamburg vor 1899, Autotypie in drei Farben, ca. 20,5 x 15,6 cm

angeordnete kleine Punkte aufgeteilt. Das Licht verhärtet die lichtempfindliche Schicht der Druckform. Die unterschiedlichen Lichtmengen, die durch das Negativ auf die Druckform fallen, führen dazu, dass die einzelnen Rasterpunkte unterschiedlich ausfallen: je mehr Licht, desto größer ein Punkt. Wenn im nächsten Arbeitsschritt die nicht belichteten Teile der Druckform tief geätzt werden, bleiben nur die verschieden großen Punkte stehen. Dort wo schwarz gedruckt werden soll – wo das Negativ weiß war und viel Licht durchließ – verbinden sich die Punkte fast und ergeben beim Druck eine einheitliche Fläche. Durch die optisch-chemisch erreichte präzise Abstufung der Rasterpunkte werden beim Druck selbst die feinsten Grautöne reproduziert. Das Raster ist in der Regel so klein, dass es mit bloßem Auge nicht zu sehen ist. Unter der Lupe lassen die regelmäßig angeordneten Rasterpunkte auf Anhieb die Technik erkennen.

Die farbige Autotypie wurde in den 1890er Jahren entwickelt. Bevor die Belichtung der Druckform stattfindet, spaltet man – laienhaft formuliert – optisch mittels verschiedener Filter das farbige Vorbild in die Grundfarben auf, und es wird für jede der drei Druckformen ein eigenes Negativ hergestellt. Beim Druck mischen sich die Rasterpunkte und ergeben im Auge des Betrachters ein einheitliches farbiges Bild.

Die Autotypie kommt ohne gezeichnete Zwischenstufen aus: Das Vorbild wird fotografiert und die Druckform ausschließlich mit optischen und chemischen Methoden präpariert. Während die früheren Techniken des Farbendrucks von der Fähigkeit und Erfahrung des Druckers abhingen, der den Zusammenklang der Druckfarben im Voraus abzuschätzen vermochte, befreit sich die Autotypie völlig von der Handarbeit. Das Ergebnis ist fotografische Treue. In technischer Hinsicht setzt die Autotypie den Schlusspunkt unter die Entwicklungen des Bilddrucks im 19. Jahrhundert.

Heinrich Soltau, Briefpapier mit Umschlägen, signierte Andrucke, gedruckt von Marion, Paris 1844/45, Chromolithografie, ca. 19 x 12,4 cm bzw. 10,8 x 12 cm

Der Hamburger Maler und Zeichner Heinrich Soltau (1812–1861) ging nach Lehrjahren in Hamburg zunächst nach München. Um 1845 verbrachte er mehrere Jahre in Paris. Dort arbeitete er offenbar als Zeichner für verschiedene Druckereien (Jedding 1977, S. 495). Anschließend ließ er sich wieder in Hamburg nieder und malte Landschaften, Bildnisse und Interieurs. Daneben entstand eine größere Zahl von Gebrauchsgrafiken zu verschiedenen Anlässen, die ihn als versierten Zeichner ausweisen. Im Historismus gehörte er zu den führenden Gebrauchsgrafikern Norddeutschlands.

Aus der Pariser Zeit hat sich – offenbar aus dem Nachlass des Künstlers stammend– eine ganze Reihe von Andrucken für Briefpapier und dazu passenden Umschlägen erhalten. Sie zeichnen sich durch eine phantasievoll und anekdotisch gestaltete Rahmung aus, die das Blatt umgibt und nur kleinen und rechts gerückten Raum für die Schrift lässt. Soltau wählte Themen für seine Ornamente, von denen sich manche bestimmten Mahlzeiten zuordnen lassen und andere auf Festvergnügungen oder auch Ausflüge hindeuten. Offenbar waren Papier und Umschläge als kleine Billets gedacht, die Einladungen übermitteln sollten.

In Paris entwarf Heinrich Soltau auch Titelblätter und Illustrationen für kleine Hefte, die von Kirchengemeinden ihren Mitgliedern anlässlich von Taufen, Hochzeiten oder zur Erstkommunion mitgegeben werden konnten. Die »Heures paroissiales« wurden von Engelmann & Graf gedruckt, von J. Ange in Paris verlegt und von einer Buchhandlung des Bistums Versailles vertrieben. Sie sind geprägt von einer dichten geometrisch geordneten Ornamentik, die sich lose an historischen Stilen orientiert. Wichtiger als das Ornament aber erscheint die bunte Farbigkeit, die in den 1840er Jahre noch eine große Neuheit war.

Heinrich Soltau, Titelseiten für Schriften des Bistums Versailles, gedruckt von Engelmann & Graf, Paris 1844/45, Chromolithografie, 14,9 x 10,5 cm, 17 x 11,9 cm, 16 x 12 cm

Das Vereinsleben war im 19. Jahrhundert eine der treibenden Kräfte der bürgerlichen Gesellschaft. Den Aktivitäten der Vereine sind Museen und Denkmäler, Waisenhäuser oder Altersheime zu verdanken. Ganz nebenbei gehörten sie zu den bedeutendsten Auftraggebern für Kunst und besonders auch für Gebrauchsgrafik. Seit Gottfried Schadow in Berlin 1818 eine Mitgliedsurkunde für den von ihm gegründeten Berliner Künstlerverein entwarf, stellten Vereine ihren Mitgliedern Urkunden aus und informierten sie mit Tischkarten, Festprogrammen und anderen Grafiken zu allen möglichen Anlässen.

Ludwig Lindenschmit, Mitgliedsurkunde des »Vereins für Kunst und Literatur zu Mainz«, in »Farbendruck ausgeführt in der lithogr. Anstalt u. unter der Leitung von A. Weingärtner in Mainz. Lithographirt von P. Calvi«, Mainz 1846, Chromolithografie, 46,2 x 56,8 cm

Der Mainzer Verein für Kunst und Literatur, 1824 gegründet, ließ sich 1846 von Ludwig Lindenschmit (1809–1893) eine prächtige Mitgliedsurkunde entwerfen. Das zentrale Schriftfeld wird von den Allegorien der Malerei und Schriftstellerei flankiert und oben von Engeln und einem gotischen Schwibbogen in die mittelalterliche Tradition gestellt. Unten breitet sich die Stadtsilhouette aus, am Strom und vor untergehender Sonne. Lindenschmit, Schüler von Peter von Cornelius in München, hatte bereits große Freskenzyklen gemalt und das Mainzer Gutenberg-Denkmal entworfen, später sollte er Gründer des Mainzer Altertumsvereins werden. In diese patriotischen Aktivitäten reiht sich diese Urkunde ein.

Die beiden Bremer Blätter treten im Format bescheidener auf. Sie entstanden anlässlich der Jahresversammlung des Verbands Deutscher Naturforscher und Ärzte in Bremen im September 1844. Die eine Karte ist eine Teilnahmekarte, die andere lädt zur Fahrt nach Bremerhaven ein, dem kurz zuvor eröffneten Überseehafen Bremens. Die »Aufnahmskarte«, unterschrieben vom Bürgermeister Smit und dem einladenden Arzt Gustav Woldemar Focke, wirkt mit Gold und Rot auf silbernem Grund besonders prächtig. Sinnbildliche Darstellungen von Forschung und Heilkunst sind links und rechts angeordnet. Auffälliger aber ist die Ornamentik, die in ihrer Kombination aus Akanthusdekor und architektonischen Elementen an den Weserrenaissancestil des Bremer Rathauses erinnert. Ähnliches gilt auch für den ornamentalen Schmuck der Bremerhaven-Karte. Interessant sind hier die erzählenden Teile. Oben klären links Apoll und rechts eine Eule über die Abfahrt bei Sonnenaufgang und die Ankunft bei Nacht auf. Unten sieht man die neuen Hafenanlagen und davor das »Dampfschiff«, den Raddampfer Roland von 1839, der den Verein auf dieser »Lustfahrt« transportierte.

»Aufnahmsurkunde« und Einladungskarte des Verbands Deutscher Naturforscher und Ärzte, Lithogr. Anstalt von G. Hunckel, Bremen 1844, Chromolithografie auf Kreide-grundiertem Papier, 12,2 x 16,3 cm und 12,1 x 16,6 cm

Die »Lithographische Anstalt, Stein & Kupferdruckerei, Präge-Anstalt Julius Stentz in Berlin« druckte bereits in der ersten Hälfte der 1830er Jahre Lithografien mit mehreren Farben. Die Druckerei war offenbar auf Etiketten und festliche Ephemera spezialisiert, wie die nicht alltägliche Kombination der Drucktechniken vermuten lässt. Besonders der Prägedruck verhalf in Verbindung mit Gold zu einem festlichen und kostbaren Aussehen.

Davon zeugt die Geschäftskarte der Firma, die gegen 1850 entstanden sein dürfte. Das Berliner Wappen unten wird flankiert von zwei Personifikationen der Zeichenkunst. Gemeinsam rahmen sie mit Blättern und Blüten das Schriftfeld mit dem Namen der Anstalt. Die Schrift ist in verschiedenen, zum Teil sehr aufwendigen Akzidenzschriften gesetzt. Alle gold bedruckten Flächen sind zusätzlich hoch geprägt, so dass der Eindruck von Goldrelief entsteht.

Weinetiketten aus einem Musterbuch der Berliner Druckerei Stentz, Berlin 1832–ca. 1855, Chromolithografie, das Buch 24 x 27 cm, die Etiketten 6–8 x 11–13 cm

In der Grafischen Sammlung des MKG befindet sich ein Musterbuch der Druckerei mit mehreren hundert Etiketten für deutsche Weine. Die Etiketten sind datiert von 1832 bis Mitte der 1850er Jahre. Zunächst wurde in der Regel in zwei oder drei Farben gedruckt, ab etwa 1840 konnten es auch mehr Farben sein. Die meisten Etiketten bestehen aus mehr oder minder komplex gestalteten Kartuschen, wie sie seit Jahrhunderten aus dem Buchschmuck bekannt sind. Weinblätter sind ein stets wiederkehredes Motiv. Um 1850 kommen Landschaften mit Weinbergen oder Dörfern an lieblichen Flusslandschaften auf. Grundsätzlich lässt sich beobachten, dass in den zwei Jahrzehnten, aus denen diese Etiketten stammen, nicht nur ihr Format deutlich wuchs, sondern auch der grafische Aufwand zunahm. Die erwähnten Weingüter sind bis auf wenige Ausnahmen – zum Beispiel Schloss Johannisberger – allenfalls noch als Landschaften bekannt.

Geschäftskarte der Druckerei Stentz, Berlin 1845/50, Chromolithografie und Prägedruck, 12,7 x 16,4 cm

In der ersten Hälfte des 19. Jahrhunderts waren bedruckte Menükarten noch eine Seltenheit. Im gebrauchsgrafischen Nachlass des Berliner Künstlers Ludwig Burger haben sich zehn kleinformatige Karten erhalten, die einseitig mit Chromolithografien geschmückt sind. Es gibt einfache Karten, Faltkarten und solche, die wie ein Triptychon zweifach zu falten sind. Die Motive verweisen überwiegend auf Lebensmittel, ohne dabei spezifisch zu werden: Fisch und Fleisch sind nach Belieben gemischt, auch saisonale Rücksichten werden nicht genommen. Eine genauere Funktion der Karten lässt sich nicht so leicht ausmachen, wie es zunächst den Anschein hat. So sind die Karten vom Format her zu klein, um in Restaurants etwa eine Speisekarte aufnehmen zu können, die damals in der Regel noch von Hand geschrieben wurde. Wahrscheinlich handelt es sich um Karten, die bei festlichen Anlässen zum Einsatz kamen. Bei einem gesetzten Essen könnten sie als Tischkarten gedient haben. Die Klappkarten boten auf ihren freien Innenseiten unter Umständen auch genügend Raum für eine Menüfolge. Allerdings war es stets üblich, dass in solchen Fällen der Anlass des Festes ausdrücklich mitgedruckt wurde. Da ein solcher Hinweis hier fehlt, dürfte

Ludwig Burger, Menü- oder Tischkarten, Berlin um 1845, Chromolithografien, 12 x 8 cm, 10,2 x 13,3 cm, 11 x 16,9 cm

ein Drucker sie auf eigenes Risiko angefertigt haben, um sie kleineren Veranstaltern, Vereinen oder auch privaten Gastgebern anzubieten, für die ein eigener Druckauftrag nicht in Frage kam. Die potentiellen Kunden konnten unter den verschiedenen Motiven und Formaten je nach Bedarf auswählen.

Ludwig Burger (1825–1884), gebürtig aus Krakau, lebte seit 1842 in Berlin und lernte hier an der Akademie unter anderem bei Carl Wilhelm Kolbe. Die Karten sind dem Frühwerk des Künstlers zuzuordnen, und man meint, den altdeutschen Stil seines Lehrers zu spüren. Die sichere Figurenzeichnung, die problemlose Verquickung von Beobachtetem mit Erfundenem, von Ornament mit Figürlichem, zeugt bereits vom großen Können des Berliner Zeichners, der sich in den nächsten Jahrzehnten zum erfolgreichsten deutschen Gebrauchsgrafiker entwickeln sollte. Es lohnt sich, etwa die Karte mit dem Eberkopf genauer anzusehen: Man entdeckt einen Armor, der statt mit dem Pfeil mit dem Sektkorken schießt, ein Stillleben mit Wildschwein, Hummer, Scholle und Spargel, oder einen jungen Koch, der stolz mit der Schüssel aufwartet und seinen freien Stand mit einem Dolch kundtut.

In den 1840er Jahren gab das Berliner Königshaus bei der Druckerei Winckelmann mindestens fünf Menükarten in Auftrag. Der Drucker Johann Christian Winckelmann, zuvor Teilhaber bei Arnz & Winckelmann in Düsseldorf, hatte sich früh auf den Farbendruck spezialisiert. Winckelmann war fest mit dem Zeichner Theodor Hosemann (1807–1875) verbandelt, der 1828 gemeinsam mit ihm nach Berlin gekommen war und hier in den nächsten Jahrzehnten zum beliebtesten Chronisten des Berliner Alltags aufsteigen sollte. Die Menükarten wurden aufwendig als Chromolithografien gedruckt und, wie die Daten auf den ausgefüllten Karten zeigen, über zehn und mehr Jahre eingesetzt. Die hier ausgewählten Karten warten oben mit königlichen Motiven auf, von der Schlossansicht bis zum goldenen Prunkservice, die jeweils von Soldaten verschiedener Regimenter bewacht werden. Die Zierleisten links und rechts werden von floralen Ranken gefüllt, in denen livrierte und uniformierte Diener stehen und mit dem Essen aufwarten.

Manche der Karten sind ausgefüllt und erlauben einen Blick auf den beachtlichen kulinarischen Aufwand im Königshaus, wobei es sich nicht um besondere Anlässe zu handeln scheint. Am 31. Oktober 1849 gab es 14 Gänge: Auf eine Suppe »à la portue« und Pastetchen »à la Reine« folgten Zander »à la Hollandaise« mit Kartoffeln und Schinken in Burgunder. Danach wurden Kalbsnüsschen »à la Mandarine« und Pudding »à la Durham« mit Trüffeln geboten, dann ein Hummer »à la provencale«. Es kamen noch sechs weitere Gerichte – darunter Champagnercreme und gefrorenes Panaschee, aber auch Einfaches wie Pumpernickel mit Butter oder Honigkuchen – und schließlich das Dessert. Der Verfasser liebte offenbar das Französische, beim Englischen war er sichtlich weniger schreibsicher (»Bouding«, »Sallad«). Diese Karte war, wie die Bleistiftnotiz oben festhielt, für Prinz Albrecht von Preußen, den Sohn König Friedrich Wilhelms III., ausgefüllt worden. Einige Jahre später wurden die allabendlichen Menükarten offenbar bereits auf einer Handpresse von Lettern gedruckt.

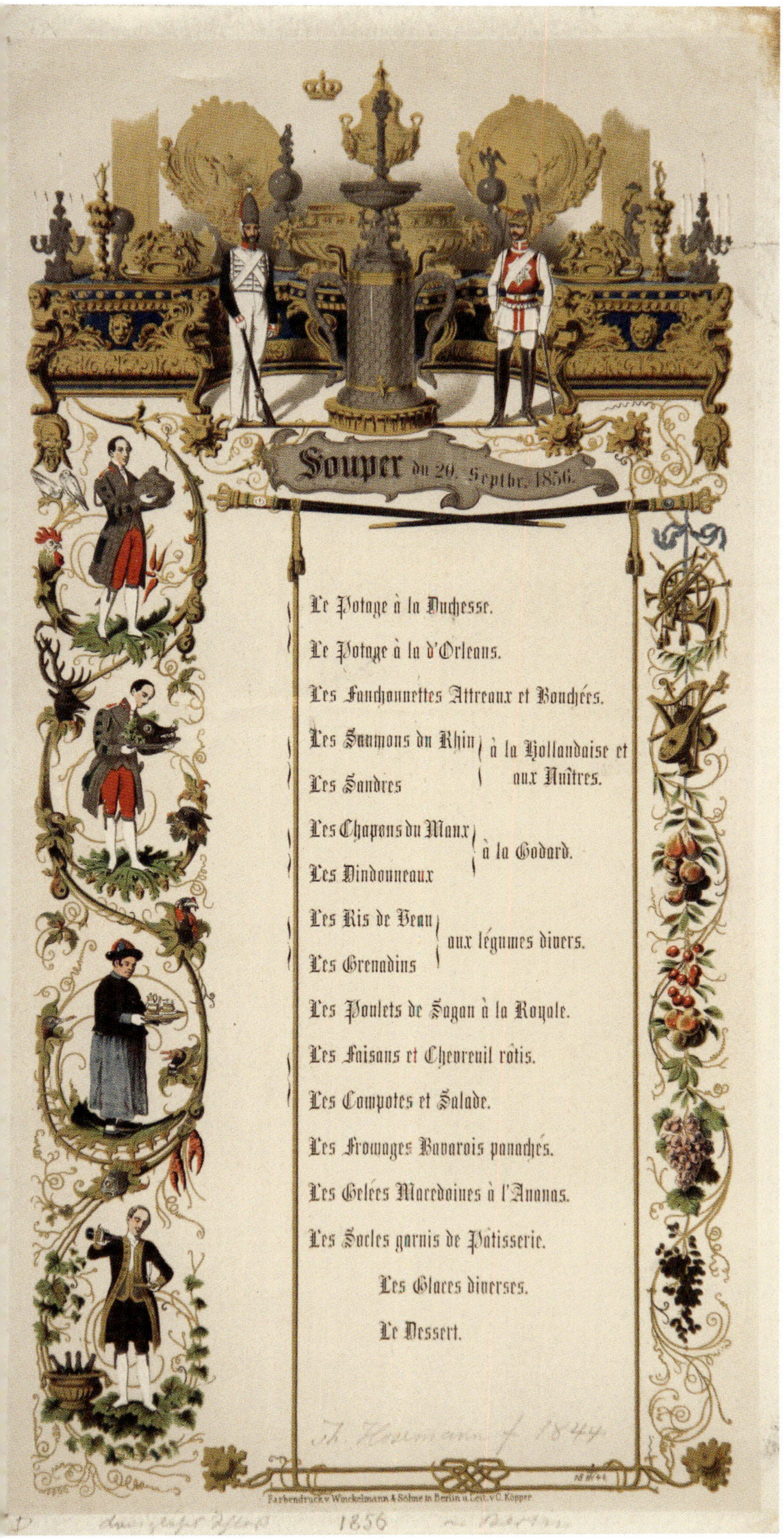

Theodor Hosemann, Menükarten für das Berliner Königshaus, »Farbendruck von Winkelmann und Söhne unt: Leit: v. J. Storch, Königl. Hof-Steindrucker. Carl Köpper lith.«, Berlin 1848 (links und rechts), 1844 (Mitte), Chromolithografie, 32,9 x 19,1 cm, 36,8 x 19,3 cm und 32,9 x 17,1 cm

David Levy-Elkan, Adresse an Papst Pius IX. zur 600-Jahr Feier der Grundsteinlegung des Kölner Doms, »lithographischer Farbendruck von D. Levy-Elkan in Coeln. lith. v. P. Deckers«, Köln 1848, Chromolithografie, je 50,5 x 37,4 cm

**1248** wurde mit dem Bau des Kölner Doms begonnen, doch verzögerten sich die Arbeiten sehr, und für ein halbes Jahrtausend überragte der mächtige Chor des unfertigen Bauwerks die Stadt. 1848, 600 Jahre nach der Grundsteinlegung, sandte der Kölner Dombauverein ein festliches Schreiben an Papst Pius IX. Der 1842 gegründete Verein betrieb mit Erfolg die Fertigstellung des Kirchengebäudes, unter anderen unterstützt von Friedrich Wilhelm IV. von Preußen. Der unvollendete Kölner Dom galt im 19. Jahrhundert als Sinnbild des gleichermaßen unvollendeten – nicht geeinten – deutschen Reiches. Im Revolutionsjahr 1848, in dem diese Serie erschien und in dem die Forderungen nach einem Deutschen Reich allenthalben zu hören waren, gewann der Plan zur Vollendung des Doms neue Relevanz.

SANCTISSIME PATER

COLONIA a Romanis originem ducens, a Materno, apostolorum principis discipulo, ut traditur, evangelium edocta, mirum quantum omni tempore Christiani nominis gloriæ servivit. Celebratur ab antiquissimis inde temporibus reportata in ea S. Ursulæ sociarumque de duplici hoste victoria, et quæ de S. Gereone magnoque martyrum numero narrantur, satis declarant, posteros nec fidei nec caritatis defecisse patrum præclarissima exempla. Persecutionum tempestate sedata sparsorum seminum læti prodeunt uberesque fructus; præsulibus sanctitate eminentibus exercetur populus omne genus virtutibus, et solum sanguine irrigatum ornatur templis aliisque sacro usui dicatis ædificiis, quorum annus ferme quisque auxit numerum, provexit splendorem ut Colonia urbs sancta Romæ fidelis filia altera Roma haud immerito appellaretur. Quæ sæculo XIII. efflorescente per Europam nova apud Germanos nata architectura, parum habere sibi visa est, donec quod in hoc structuræ genere perfectissimum esset, intra mœnia sua possideret; templum, quod fideles ad sacra trium Magorum corpora undique peregrinantes exciperet, immo regis regum Christi cœlestem gloriam quodammodo exhiberet. Consilium ab Engelberto, Archiepiscopo pronunciatum Conradus ab Hochstaden, qui post hujus martyrium successit, executus est; qui legato apostolico Petro Capuccio, imperatore Guilelmo cum magna principum et prælatorum corona adstantibus, eodem quo vetus ecclesia ab Hildebaldo sæculo IX ædificata, incendio combusta erat anno MCCXLVIII, in vigilia assumtionis B. M. V. prima jecit fundamenta novæ cathedralis, cujus

Das Schreiben an den Papst umfasst sechs Seiten feinster Gouachemalerei auf Pergament. Die an spätgotische Buchillustration angelehnte Ausstattung führte – nach Angaben eines eigens eingesetzten Komitees – der Kölner Maler und Zeichner David Levy-Elkan (1808–1865) aus. Man empfand sie als so herausragend, dass sich der Dombauverein entschloss, das Schreiben als Chromolithografie zu vervielfältigen (Klemm 1998, S.287).

Besonders hervorgehoben sind die Titelseite und ein Schmuckblatt, das programmatisch die göttliche Segnung des Domes betont. Das Bildfeld hat die Form einer Mandorla, um die Heiligkeit des Geschehens zu betonen. Unter der Dreifaltigkeit, mit der Taube und Gottvater über dem Gekreuzigten, steht die Monstranz mit der Hostie auf dem Altar. Davor verweist links Germania – mit dem preußischen Adler – auf die Unterstützung durch Kaiser Barbarossa, der einst dem Kölner Bischoff die Reliquien der Heiligen drei Könige überreicht hatte, und rechts zeigt der Dombaumeister den Plan der Kölner Domtürme. Die Wiederentdeckung des ursprünglichen Bauplans zu Beginn des 19. Jahrhunderts war ein entscheidender Faktor für die Wiederaufnahme des Baus. Vor dem Altar haben sich Vertreter aller Alters- und Volksschichten versammelt, um diesem heiligen Ereignis beizuwohnen.

Das Titelblatt ist völlig anders aufgebaut. In die große Initiale P (für Pius) ist Christus eingefügt, der Petrus den Schlüssel übergibt, eine Anspielung auf die göttliche Legitimation des Papstes. Rechts sieht man die Grundsteinlegung des Kölner Doms, und unten eine Ansicht der Stadt mit dem unvollendeten Dom im Zentrum. Die aufwendige Rahmung ist mit Heiligenmedaillons akzentuiert; darunter oben die Heiligen drei Könige.

»Ein einig großes Deutschland, fest wie seine Berge«, verlegt von C. Naumann, Frankfurt 1845/48, Chromolithografie mit Prägedruck, 27,8 x 34,2 cm
Hermann Eichens nach L. Blum, »Duell auf Schlaeger« – Mensur des Seniorenconvents in Heidelberg, gedruckt bei Lemercier in Paris und verlegt von Meder in Heidelberg, 1850, Chromolithografie, teilweise handkoloriert, 53,1 x 73,6 cm

Eines der großen Ziele der Revolution 1848 war die Einheit des Deutschen Reiches. Seit der Auflösung des »Heiligen Römischen Reichs deutscher Nation« 1806 durch Napoleon wuchs die Sehnsucht nach der Erneuerung des Reiches. In dieser allegorischen Darstellung strömen Vertreter aller Stände und Staaten des deutschen Bundes auf Germania zu. Sie steht, in Schwarz, Rot und Gold gekleidet, unter einer mächtigen Eiche und breitet die Arme aus. Unter den Flaggen fällt besonders der preußische Adler auf gelbem Grund auf. Im Hintergrund erheben sich links der Kölner Dom – damals noch unvollendet und daher in etwas befremdlichen Proportionen – und rechts das Hermannsdenkmal, das seit 1838 von Ernst von Bandel an der Porta Westfalica errichtet wurde. Beide Bauten verweisen auf große Zeiten in der Vergangenheit: der Kölner Dom auf das Kaiserreich des Mittelalters, und das Hermannsdenkmal ist dem Cherusker-Fürsten Arminius gewidmet, der mit den Germanenstämmen in der Schlacht im Teutoburger Wald die Römer besiegte. Diese Hinweise auf die einstige Größe waren als Mahnung für die Gegenwart gedacht.

Die geprägte Rahmung, dezent weiß in Grau (das zuvor lithografisch aufgetragen worden war), lässt die Farben im Bildfeld regelrecht leuchten. Vor allem aber macht sie die Funktion des Blattes deutlich: Es war als Wandschmuck gedacht, und sein Käufer konnte mit der Darstellung seiner politischen Einstellung Ausdruck verleihen. Das Blatt könnte bereits vor dem Revolutionsjahr 1848 entstanden sein, da alle Hinweise auf Frankfurt fehlen und auch Germania noch nicht in der kanonischen Gestalt mit Schwert und Lorbeerkranz zeigt, wie sie Philipp Veit für die Frankfurter Paulskirche Anfang 1848 entwarf.

Das prächtige Mensurbild, gedruckt auf großem Papier mit breitem Rand, hat repräsentativen Charakter. Der Blick fällt in die »Hirschgasse«, das traditionelle Heidelberger Mensurlokal. Hier trafen sich regelmäßig die Heidelberger Corps oder Landsmannschaften, die sich unter einer Art Ältestenrat, dem Seniorenconvent zusammengeschlossen hatten. Die abgebildete Partie fand statt zwischen den Corps Vandalia (rote Mützen) und Saxo-Borussio (weiß). Der Unparteiische im Hintergrund gehört dem Corps Guestphalia an (grün). Mitglieder der Rhenania (blau) links und rechts der Suevia (gelb) schauen der Mensur zu. (Der Verfasser dankt Florian Hoffmann, Hannover, für diese Angaben.)

Die besonderen Regeln des studentischen Fechtens mit den Säbeln in hoch erhobenen Händen, dem festen Stand, dem ungeschützten Gesicht – bereit, einen Schmiss zu empfangen – werden genau wiedergegeben. Links und rechts der Duellanten sorgen die Sekundanten eingriffsbereit für einen fairen Verlauf. Unter dem Bildfeld befinden sich, lithografisch gedruckt, die Signaturen aller 32 Anwesenden: Der aufwendige Druck wandte sich daher nicht an ein breites Publikum, sondern entstand als Erinnerungsblatt für die Mitglieder der Corps. Die Entstehungsgeschichte des Blattes ist genau angegeben: »Nach der Natur gez(eichnet) von L. Blum. Lith: von Hermann Eichens in Paris«. Hermann Eichens (1813–1886) hielt sich seit 1848/49 in Paris auf und arbeitete hier mit der bekannten Druckerei Lemercier zusammen. Er lithografierte die Zeichnung in erstaunlich weichen Farben. Die Corpsfarben der Conventsmitglieder auf den Mützen wurden allerdings, da sich hier leicht Fehler einschleichen konnten, von Hand nachgetragen.

Ähnlich wie beim Kölner Dom gab es auch in Aachen patriotische Bestrebungen, das seit Jahrhunderten vernachlässigte Münster wieder in alter Pracht erstrahlen zu lassen. 1847 wurde ein »Karlsverein zur Restaurierung des Münsters« gegründet, mit dem Ziel, Geld für eine Wiederherstellung des mittelalterlichen Zustandes zu sammeln (Klemm 1995, S.126). Im Zentrum des vielteiligen Blattes lockt ein Blick in den gotischen Chor des Münsters. Oben thront Karl der Große als Gründer des Doms. Darüber erscheint Maria im Strahlenkranz, eine Wiedergabe der Madonnaskulptur des Chores. Karl und Maria ist der Dom geweiht. Kleine Szenen links und rechts erinnern an herausragende Ereignisse aus der mehr als tausendjährigen Geschichte des Doms; die Apostel und einige der hier gekrönten Herrscher ergänzen das Prgramm. Unten werden der Karlsschrein und der Marienschrein prominent hervorgehoben, während in den Rahmungen links und rechts einige der Reliquien und besonderen Kostbarkeiten des

Caspar Scheuren, Erinnerung an die Restauration des Münsters zu Aachen, »Lith. v. M. Lambris. Farbendruck d. Lith. Anstalt v. F. Cazin in Aachen«, Aachen 1853, Chromolithografie, 54,6 x 73,5 cm

Domschatzes abgebildet sind. Der architektonische Aufbau der Rahmung, vor allem die Bekrönung mit den Türmchen, erinnert an den berühmten Barbarossa-Leuchter im Oktogon des Münsters.

Ein Jahr nach der ersten Weltausstellung in London, an der 192 deutsche Firmen teilnahmen, veranstaltete Düsseldorf eine Gewerbe-Ausstellung, die, wenngleich auf Westfalen und die Rheinlande begrenzt, mit 756 Ausstellern ein großer Erfolg wurde. Das Erinnerungsblatt gibt in elf Szenen einen imposanten Eindruck von der Ausstellung: in der Mittelachse oben eine Außenansicht, darunter einen Blick in den »Großen Saal« und unten in das »Glashaus«, ein Verbindungstrakt zwischen den beiden Ausstellungsgebäuden, das in Anlehnung an den Londoner Glaspalast wie ein Gewächshaus aus Glas und Stahl errichtet wurde. Ornamentale Bänder mit allegorischen Darstellungen von Berufen, des Handels und der Stadt umziehen und verbinden die Bildfelder, Wappen der teilnehmenden Städte und Landschaften verleihen hoheitliche Würde.

Caspar Scheuren, Gewerbeausstellung für Rheinlande und Westphalen. Düsseldorf, »J. Caspar Scheuren fec im August 1852. Farbendruck v. Winckelmann & Söhne in Berlin unt. Leit. v. J. Storch u. C. Kopper«, Berlin 1852, Chromolithografie, 46,7 x 61,1 cm

Caspar Scheuren (1810–1887), einer der führenden Landschaftsmaler der Düsseldorfer Malerschule, schuf 1852 und 1853 die Chromolithografien auf den Seiten 44/45, die allein bereits durch ihr repräsentatives Format und vor allem durch die neue Qualität des Farbendrucks auffielen. Die Komposition beider Grafiken erinnert an Darstellungen eines geöffneten Reliquienschreins und an die Präsentation der Heiligtümer anlässlich von Wallfahrten, wie sie seit dem 17. Jahrhundert häufiger gedruckt und zur Erinnerung den Pilgern angeboten wurden. Beide Blätter waren offenbar Auftragsarbeiten. Während in Aachen der Karlsverein das Blatt zur Finanzierung der Restaurierungsarbeiten veräußert haben dürfte – ähnlich wie auch eine Gedenkmünze und verschiedene Schriften – ließ es in Düsseldorf wahrscheinlich der Gewerbeverein als Veranstalter der Ausstellung drucken, um so an den großen Erfolg der Ausstellung zu erinnern.

Die beiden detailreichen Münchner Blätter feiern große Ereignisse der Residenzstadt. 1850 wurde die Bavaria enthüllt, die Monumentalstatue oberhalb der Theresienwiese. Die Festrede des Malers Anton Teichlein wird im zentralen Schriftfeld wiedergegeben. Der Redner pries Ludwig I. als großen Förderer der Künste. Maximilian II., König seit 1848, als sein Vaters wegen der Affäre mit der Tänzerin Lola Montez abtrat, wird mit keinem Wort erwähnt. Die einzelnen Szenen des Blattes zeigen den Festumzug zur Einweihung der Statue, die sich oben im Mittelfeld vor der – damals noch unfertigen – Ruhmeshalle erhebt. In den seitlichen Feldern treten die einzelnen Zünfte und Berufsverbände auf, die sich jeweils um prächtig hergerichtete Umzugswagen scharen. Derartige Umzüge fanden im 19. Jahrhundert aus verschiedensten Anlässen statt und waren ein beliebtes Thema für die örtlichen Künstler und Druckereien, die oft vielteilige Mappenwerke herausgaben. In diesem Fall bringt der Zeichner Peter Herwegen (1814–1893) die Szenen des Umzugs auf einem Blatt unter und orientiert sich bei der Anordnung um das zentrale Mittelfeld an eine in der Mitte des 19. Jahrhunderts weit verbreitete Erzählform, bei der die aufwendige Rahmung einen inhaltlich entscheidenden Stellenwert einnimmt.

Bei dem anderen Blatt handelt es sich um eine durch das Siegel der Stadt München ausgewiesene Urkunde. Es heißt: »Der Magistrat der k. Reichs- Haupt- u. Residenzstadt München widmet zur Erinnerung an die aus Anlass des 700-jährigen Jubiläums der Stadt München veranstaltete Ausstellung von Erzeugnissen der Industrie unsrer Stadt und in ehrender Anerkennung des Fortschrittes auf diesem Gebiete sämtlichen Ausstellern eine Denkmünze von Bronce und fertigt dem Herrn Holler Christ, Conditor (der Name handschriftlich eingetragen) über die Zustellung einer solchen gegenwärtige Urkunde aus.« Hier erfahren wir die genaue Funktion des Blattes: Die Teilnehmer an der »Lokal-Industrie-Ausstellung«, wie sie offiziell hieß, erhielten für ihr Engagement eine Bronzemedaille, die von dieser stattlichen Grafik angekündigt wurde. Besser als eine Medaille konnte die Lithografie gerahmt an der Wand die Ehrung öffentlich kundtun. Dargestellt sind oben ein mittelalterlich anmutender Ausrufer, der die Schrifttafel hält, und dahinter eröffnet sich ein Blick in die Ausstellungshalle, in der sich Erzeugnisse der örtlichen Firmen übereinander türmen. Zu Seiten der Schrifttafel stehen links die Künste – Bildhauer, Maler und Architekt – und rechts die Handwerker.

Peter Herwegen, König Ludwig dem Kunstbeschützer!, »J. B. Kuhn gedruckt. Das Original auf Pergament gemalt ist i. Album des König Ludwig«, München 1850, Chromolithografie, 54,9 x 38,2 cm

Peter Herwegen, Urkunde für die Aussteller der Lokal-Industrie-Ausstellung aus Anlass des 700-jährigen Jubiläums der Stadt München, Druck: C. Nolt u. Sohn, München 1858, Chromolithografie, Siegellack, 54,9 x 42,2 cm

König Wilhelm von Preußen (1797–1888) heiratete 1829 Prinzessin Augusta von Sachsen-Weimar-Eisenach (1811–1890). Zur Silberhochzeit entwarf der Kölner Maler Caspar Scheuren im Auftrag der Düsseldorfer Druckerei Arnz & Co. ein prachtvoll komponiertes »Gedenk- und Huldigungsblatt«. Im Zentrum thront das Königspaar, darüber erhebt sich die Verkörperung Preußens mit Schwert und Lorbeerkranz. Links und rechts verweisen figurenreiche Szenen auf die preußische Geschichte und huldigen dem Paar. Die aufwendige Rahmung enthält weitere Hinweise: auf die Landschaften Preußens und auf die großen Schlachten und Feldherren; hier finden sich die Wappen der zugehörigen Staaten genauso wie kleine Porträtmedaillons der Eltern oder Verkörperungen der Künste.

Caspar Scheuren, Zur Feier der silbernen Hochzeit Ihrer Königlichen Majestäten Prinz und Prinzessin von Preußen, »Lithografiert von Sonderland«, »Ausgeführt und verlegt vom Lithogr. Inst. v. Arnz & Co. in Düsseldorf«, 1864, Chromolithografie, 40,1 x 48,5 cm

»Gestorben für das Vaterland«, Druck der Artist. Anstalt v. E. Hochdanz, Stuttgart 1870/71, Verlag der Schmid'schen Buchhandlung und Kunsthandlung in Augsburg, Chromolithografie, 61,1 x 45 cm

Das Gedenkblatt für Gefallene im deutsch-französischen Kriegs 1870/71 übernimmt die Funktion eines Zimmerdenkmals. Gerahmt an der Wand erinnert es an den verlorenen Sohn der Familie. Das Denkmal ist wie ein neugotischer Altar aufgebaut: Unten der Altartisch, darauf das Altarblatt, gerahmt von Engeln, die mit der Palme des Märtyrers und Lorbeerkränzen für den Sieger aufwarten. Oben schwingt eine kriegerische Germania die schwarz-weiß-rote Flagge. Vor dem Altartisch reichen sich bayrische und preußische Soldaten auf dem Schlachtfeld die Hand. Die Krone über dieser Szene erinnert entfernt an die Reichskrone in Wien. Im Zentrum des Monuments erhebt sich das Straßburger Münster: Die Hauptstadt des Elsass, seit den napoleonischen Kriegen französisch, gehörte nun wieder zum Deutschen Reich. Die Ansicht wirkt merkwürdig blass, doch diente das Feld, wie es ausdrücklich heißt, als »Raum für die Photographie« des Verstorbenen. Darüber wurde dann, wahrscheinlich vom Regimentskommandanten, von Hand sein Name eingetragen. Eine Blumensymbolik mit Trauerweiden, Efeu für das ewige Gedenken und deutschem Eichenlaub um die Krone vervollständigt die patriotische und hoheitsvolle Bildsprache.

Der Grafik gelingt es tatsächlich, gleichermaßen als Urkunde und Heldendenkmal wie als Zeichen der Trauer aufzutreten. Darüber hinaus ist sie – wie auch die Grafik zur Silberhochzeit – in ihrer Verquickung kirchlicher und weltlicher Motive ein typisches Beispiel für die Säkularisierung der christlichen Bildsprache im 19. Jahrhundert.

Der Düsseldorfer Verlag Breidenbach & Co. feierte mit einer Folge von aufwendigen Drucken den Sieg im deutsch-französischen Krieg und die Kaiserkrönung am 18. Januar 1871. Sieben Grafiken würdigen die Leistungen von Generälen, von Staatslenkern, von Bildhauern und Musikern, von den Frauen, die das Rote Kreuz einführten, von Ludwig II. von Bayern und natürlich von »Wilhelm dem Siegreichen« (Abb. nächste Seite). Die Porträts sind als Lichtdrucke eingefügt (siehe S. 20), eine gerade erst entwickelte Drucktechnik, bei der das fotografierte Motiv nicht nachgezeichnet, sondern direkt übertragen wurde. Festliche Blumengebinde umrahmen die Porträts, geschmückt mit Spruchbändern, die die Taten der Dargestellten in Gedichtform preisen.

Die Auswahl der Personen geschah mit Bedacht. Die Ehrung der »Schmiede« des Reiches, Reichskanzler Bismarck und Graf von Moltke, erscheint naheliegend, desgleichen die der Generäle. Jeweils drei Musiker – Schubert, Schumann, Mendelsohn-Bartholdy – und Bildhauer – Bertel Thorvaldsen, Christian Daniel Rauch und Ernst Rietschel – vertreten die schönen Künste. Zwar weilte keiner von ihnen mehr unter den Lebenden, doch förderten sie mit ihren Melodien und Denkmälern das Nationalgefühl und damit die Einheit des Reiches.

Überraschend erscheinen im Kreise der Herren auch drei Damen: Die Gemahlin des Kaisers, Augusta von Preußen, begleitet von Charlotte von Itzenplitz und von ihrer Tochter Luise, der Großherzogin von Baden. Die drei Porträts gruppieren sich um ein rotes Kreuz, und hierin liegt der Grund für die Ehrung: »Heil Euch, edle deutsche Frauen, / Die Ihr segensreich und mild / Durch die Krieg umtosten Auen /

C. Sülsnapp (Porträts), Augusta von Preußen, Charlotte von Itzenplitz und Luise von Baden, Druck und Verlag von Breidenbach & Co., Düsseldorf 1871, Chromolithografie und Lichtdruck (die Porträts), 42,3 x 30 cm

Schrittet wie der Gnade Bild. / Heil Euch, die dem Kranz der Siege / Alter deutscher Tapferkeit / Flochtet ein im heilgen Kriege / Siege der Barmherzigkeit.« Das Rote Kreuz, gegründet 1863 vom Schweizer Henry Dunant, fand früh in deutsche Staaten Eingang. Vorläufer waren hier Frauenvereine, wie der Badische Frauenverein, den Luise von Baden bereits 1859 gegründet hatte, und der Vaterländische Frauenverein, den Augusta von Preußen 1866 ins Leben rief und dem Charlotte von Itzenplitz vorstand.

Der bayrische König Ludwig II. ist besonders hervorgehoben. Durch den Verzicht auf seine Souveränität hatte er den Weg des preußischen Königs zum deutschen Kaiser frei gemacht: »So lang der Bau des Reichs die Zinne trägt,/ Sei dem gedankt, der treu den Grund gelegt, der mit der Krone Zier geschmückt das Dach / Und sprach: dem Kaiser huldigt Wittelsbach!« Gegen geheime Geldzahlungen hatte Ludwig im November 1870 den von Bismarck formulierten »Kaiserbrief« unterschrieben, mit dem der König von Preußen aufgefordert wurde, die Kaiserkrone anzunehmen.

Manches spricht dafür, dass es sich bei der Serie um eine Auftragsarbeit handelt. So lässt sich die Hervorhebung des damals unpopulären Bayernkönigs nur aus politischen Erwägungen heraus erklären. Dasselbe gilt für die Tatsache, dass Bismarck, der »Schmied des Reiches«, nur als einer unter vielen erscheint. Es könnte sein, dass der Auftrag auf den Reichskanzler selbst oder seine engsten Kreise zurückgeht. Bismarck war sich seiner Macht wohl bewusst, wollte dies aber nicht zu sehr betont wissen; vielmehr lag ihm an einer Sicht, die die Einheit Aller hervorhob. Ein weiteres Argument für einen Auftraggeber im Hintergrund ist der große drucktechnische Aufwand, insbesondere die Einbindung von aktuellen Fotografien, der ohne eine gesicherte Auftragslage ein großes Risiko für einen Verleger bedeutet hätte.

C. Sülsnapp (Porträts), die Bildhauer Thorvaldsen, Rauch und Rietschel (links), Ludwig II. von Bayern (Mitte) und Kaiser Wilhelm I. (rechts), Druck und Verlag von Breidenbach & Co, Düsseldorf 1871, Chromolithografie und Lichtdruck (die Porträts), 38,8 x 30 cm, 43,2 x 30,7 cm, 43,2 x 30,9 cm

Kaiser Wilhelm I. (1797–1888) wuchs im Bewusstsein preußischer Tradition auf, und seine harten Ansichten gegenüber den Aufständischen trugen ihm 1848 den Spottnamen Kartätschenprinz ein. Er musste nach London fliehen, konnte aber schon wenige Monate später zurückkehren und bekannte sich zur konstitutionellen Monarchie. 1858 wurde er preußischer König und führte das preußische Reich gemeinsam mit dem Ministerpräsidenten Bismarck in eine anhaltende wirtschaftliche Prosperität. 1871 wurde er, nach dem Sieg über Frankreich, in Versailles zum Kaiser des deutschen Reiches gekrönt. Die beiden Grafiken auf den Seiten 53 und 55 markieren seine Zeit als Herrscher des Reiches.

Das Lithografie von 1871 gehört zur Serie eines Düsseldorfer Verlegers (siehe die vorhergehende Seite). Der gerade gekrönte Kaiser erscheint über einem Waffengebinde, umgeben von symbolträchtigen Blüten und Blättern. Darüber ragen Flaggen mit Sinnsprüchen auf, die die einzelnen Staaten des neuen Reiches preisen. Über allem schweben der Reichsadler und eine Krone, die sehr der in Wien bewahrten mittelalterlichen Reichskrone ähnelt.

Das zweite Blatt dürfte kurz nach dem Tod Wilhelms I. 1888 entstanden sein. Bismarck beugt sich über das Bett und reicht dem Todkranken eine Vorlage zur Unterschrift: Bis zum letzten Atemzug im Dienst des Volkes – das ist die Aussage. Links schauen der Schwiegersohn des Kaisers, Friedrich I. Großherzog von Baden, und sein Enkel, Prinz Wilhelm von Preußen, der spätere Wilhelm II., ergriffen zu. Ihre Anwesenheit im Berliner Schloss in den letzten Tagen des Kaisers ist bezeugt, während der Sohn und Thronfolger Friedrich an Kehlkopfkrebs erkrankt war und in Sanremo behandelt wurde. Rechts schüttelt der langjährige Leibarzt von Lauer die Kissen auf.

Die Komposition hat große Ähnlichkeit mit einem Gemälde Anton von Werners, »Kaiser Wilhelm I. auf dem Sterbebett«, das erst 1898 vollendet wurde (Bartmann 1993, S.385 ff). Werner war unmittelbar nach dem Tod des Kaisers ins Schloss gerufen worden, um den Verschiedenen im Sterbebett zu zeichnen. Die Zeichnung diente offenbar Paul Beckert (1856–1912), einem in Dresden ausgebildeten und später in Berlin ansässigen Historienmaler, als Vorlage und Ausgangspunkt, genauso, wie später Anton von Werner selbst auf sie zurückgriff.

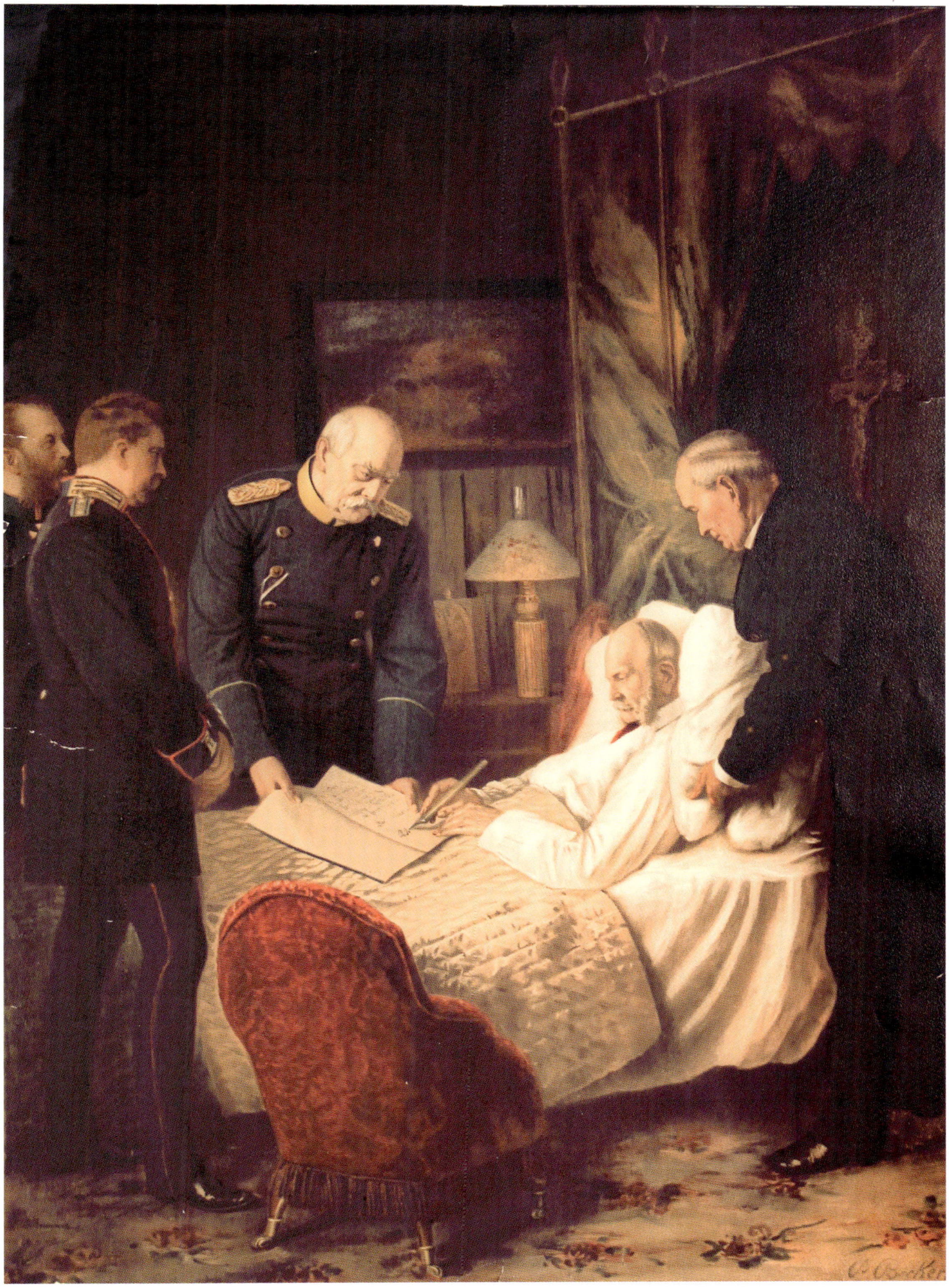

Paul Beckert, Bismarck am Sterbebett des Kaisers, 1888/90, »Öldruck« – Chromolithografie mit Firnis überzogen, 54,5 x 40,7 cm (leicht beschnitten)

Theodor Hosemann (1807–1875) war 1828 mit seinem Drucker und Verleger Johann Christian Winckelmann von Düsseldorf nach Berlin gekommen. Sein Thema war das Leben in Berlin, gerade auch das der kleinen Leute. Viele seiner Illustrationen und Schriften richten sich an Kinder und jugendliche Leser. Er schrieb und dichtete selbst, interpretierte Sagen und Werke der Weltliteratur für die Jugend und zeichnete immer wieder das Berliner Volk. Die Umschläge seiner Kinderbücher aus den 1860er Jahren dürften zu den ersten farbig gedruckten Buchumschlägen überhaupt gehören. Sie zeigen das Zielpublikum, das artige, aufgeweckte Kind, das sich über Reime und bunte Bilder freut.

Hosemanns Kinderbücher dürften in Konkurrenz zu den Bildbögen gestanden haben. Ähnlich wie diese boten sie eine Mischung aus belehrenden und unterhaltsamen Inhalten und erfreuten vor allem durch bunte Bilder. Allerdings waren die Chromolithografien der Kinderbücher ungleich aufwendiger – und damit auch teurer als die von Hand mithilfe von Schablonen kolorierten und oft grob gedruckten Bilderbögen.

Auf der Illustration »Der Sandjunge« sehen wir den Maler selbst mit Palette und Malstock vor der Staffelei, daneben sein Freund Bormann und rechts seine Frau mit einem kleinen Straßenjungen. Den

Theodor Hosemann, *Aus meiner Mappe. Bilderbuch für die junge Welt von Theodor Hosemann*, Umschlag, Druck und Verlag: Winckelmann & Söhne, Berlin 1874, Chromolithografie, 26,2 x 20,8 cm
Theodor Hosemann, *Kinderstreiche mit Bildern und Text von Theodor Hosemann*, Druck und Verlag: Winckelmann & Söhne, C. Koch Lithograf, Berlin, 1867, Chromolithografie, 24,2 x 20,3 cm

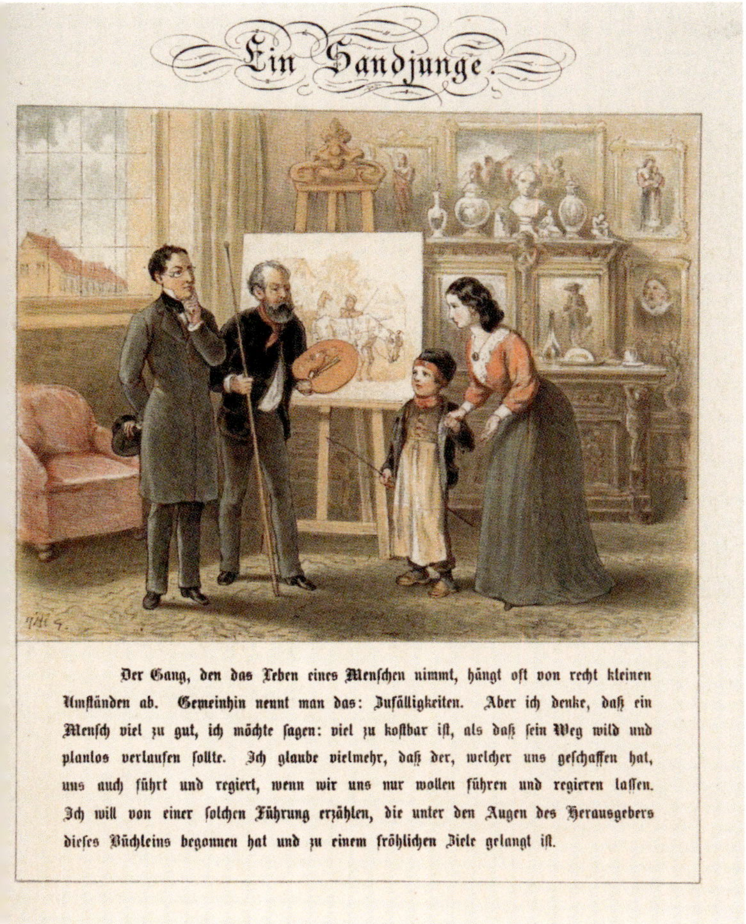
Ein Sandjunge.

Der Gang, den das Leben eines Menschen nimmt, hängt oft von recht kleinen Umständen ab. Gemeinhin nennt man das: Zufälligkeiten. Aber ich denke, daß ein Mensch viel zu gut, ich möchte sagen: viel zu kostbar ist, als daß sein Weg wild und planlos verlaufen sollte. Ich glaube vielmehr, daß der, welcher uns geschaffen hat, uns auch führt und regiert, wenn wir uns nur wollen führen und regieren lassen. Ich will von einer solchen Führung erzählen, die unter den Augen des Herausgebers dieses Büchleins begonnen hat und zu einem fröhlichen Ziele gelangt ist.

hatte sie gerade draußen aufgelesen, weil sie ihn für ein ideales Modell für ihren Gatten hielt. Doch der Knabe, so die Geschichte zum Bild, der als Ausrufer für Streusand durch die Straßen lief, antwortete nur mit wiederholtem »ne!« auf alle Fragen: ob er gemalt werden wolle oder ob er lesen könne oder zur Schule gehe. Daraufhin besorgte man ihm einen Schulplatz, heißt es weiter, und später wurde aus ihm ein Töpfermeister.

Zur Illustration »Kirschen« dichtete der Maler:

»Kugelrundes Gretchen, / Herzig Fleischpastetchen, / Isst die Kirschen gerne; / Schluck nur nicht die Kerne, / Reiß nicht ab zugleich / Mit der Kirsch' den Zweig,/ Steck nicht alle ganz allein / In dein kleines Schnäbelein, / Andre wollen auch was haben, / Von den lieben Gottes-Gaben; / Kugelrundes Gretchen, / Herzig Fleischpastetchen.«

Texte und Bilder wurzeln mit ihrer ganzen Harmlosigkeit in einer klaren Vorstellung von einer heilen, bürgerlich- strebenden Welt. Einfache gute Taten, so die Moral – den Armen helfen, Kirschen abgeben – gehören selbstverständlich dazu und machen sie noch liebenswerter.

Theodor Hosemann, Ein Sandjunge, Illustration aus dem Buch *Aus meiner Mappe. Bilderbuch für die junge Welt*, Druck und Verlag: Winckelmann & Söhne, Berlin 1874, Chromolithografie und Letternsatz, 25,5 x 19,5 cm
Theodor Hosemann, Kirschen, Illustration aus dem Buch *Bilder für artige Kinder*, Druck und Verlag: Winckelmann & Söhne, Berlin 1867, Chromolithografie, 26,3 x 21,5 cm

Der Verleger George Routledge hatte seit den 1850er Jahren großen Erfolg mit seinen »Shilling Series«. Zunächst veröffentlichte er in seiner auch »Railway Library« genannten Serie Romane – darunter Harriet Beecher-Stowes *Uncle Tom's Cabin* – und begann 1870 mit der Publikation von ähnlich günstigen illustrierten Kinderbüchern. Die Zeitschrift *The Standard* schrieb: »No firm surpasses Messrs. Routledge in Sixpenny and Shilling Picture Story-Books. Could not be better drawn, printed, or coloured, if they cost twenty shillings instead of twelve pence.« (zitiert auf der Rückseite der Shilling-Series) In der Tat sind die Farben von einer bis dahin ungekannten Leuchtkraft und Klarheit.

Höhepunkt der Serie sind die von Walter Crane (1845–1915) illustrierten »Toy-Books«. Crane, selbst ein gelernter Holzstecher, arbeitete seit 1864 mit Edmund Evans, dem führenden Farbendrucker in London, zusammen. Evans war auf farbige Holzstiche spezialisiert (siehe S. 17–19). Cranes Illustrationen evozieren eine spätmittelalterliche Märchenwelt voller realistischer Details von adretter Ordnung – ganz im Sinne der Präraffaeliten, denen er sich zugehörig fühlte.

Die illustrierten Märchen gehörten zu den populären Kindergeschichten, häufig erzählt, aber nie zuvor so prägnant ins Bild umgesetzt. The *Beauty and the Beast* – zu Deutsch *Tausendschön* – geht auf das französische Volksmärchen La Belle et la Bête zurück. Um den Vater zu retten, der im Garten des Biests eine Rose stahl, begibt sich die Schöne, genannt »Beauty«, in das Schloss des Biests – das sich natürlich, als sie endlich in die Heirat einwilligt, in einen wunderschönen Prinzen verwandelt. Das Märchen *The Yellow Dwarf* – *Der gelbe Zwerg* – ist ebenfalls französischen Ursprungs und handelt vom Hochmut einer Königstochter, von einem bösen Zwerg, einer Hexe und wie die Königstochter schließlich Vernunft annimmt und sich von ihrem Gemahl befreien lässt. Cranes Illustrationen sind voller Phantasie und

Walter Crane, *The Beauty and the Beast. Walter Crane's Toy Books. Shilling Series*, George Routledge and Sons, London & New York 1874, Druck: Edmund Evans, Engraver and Printer, Fleet Street, Holzstich, 27 x 46,9 cm

Liebe zum Detail und weisen bereits die motivische Dichte auf, die später für die Arbeiten von William Morris und die Arts and Crafts-Bewegung charakteristisch sein sollte.

**1885/86** schloss Walter Crane, der sich inzwischen seinem Drucker Edmund Evand getrennt hatte, an den großen Erfolg der *Toy-Books* an und veröffentlichte drei Geschichten für Schulanfänger. Der Marcus Ward Verlag brachte sie als einzelne Hefte oder unter dem Titel *A Romance of the Three R's* in einem Band heraus. Die drei R stehen für Reading, wRiting und aRythmetics, Lesen, Schreiben und Rechnen. Mit Humor und absurden Einfällen gewinnt der Künstler die Aufmerksamkeit seiner kleinen Leser. Die kindliche Queen Anne lernt Lesen und erfährt von den Geschichten und Weiten der Welt. Percy Vere, so der Name des Knaben der zweiten Geschichte, der die Tugend der »perseverance«, der Ausdauer, anklingen lässt, träumt von Rittern und Feen, während er die Schnörkel (»Pothooks«) und Schlangenlinien des Schreibens üben sollte. Die dritte Geschichte spielt in »Slateandpencilvania«, im Tafel- und Stift-Land. Der kleine Matrose Dick wird von Wilden entführt, die nur in Zahlen denken, bis er, der mittlerweile Lesen und Schreiben kann, auch das Multiplizieren und Teilen gelernt hat.

Crane hat sich in diesen Illustrationen von den dichten Bildern der *Toy-Books* entfernt und ist zu einem noch mehr von der Linie und dem Umriss geprägten Stil gelangt, der von nun an sein grafisches Werk bestimmen sollte. In manchen seiner phantasievollen Illustrationen zeigt sich durchaus eine Nähe zu den etwas früher erschienen Bildergeschichten des Hannoveraners Wilhelm Busch. So erinnert der an der Leine hängende und in schwarze Tinte getauchte Percy Vere mit der Rückansicht des gelehrten Federviehs im Vordergrund an die Streiche von *Max und Moritz*.

Walter Crane, *The Yellow Dwarf. Crane's Toy Books. Shilling Series*, George Routledge and Sons, London & New York 1878, Edmund Evans, Engraver and Printer, Fleet Street, Holzstich, 27 x 23,1 cm

Walter Crane, Pothooks and Perseverance (or the A. B. C-serpent.), Marcus Ward & Co. Limited, London 1886, Strichätzung, 22 x 22 cm

And mounting his hobby-horse
PERSEVERE

Somehow he does not meet the approval of Academy-critics, though he does not feel himself so black as he is painted:
Wet paint

But he takes a fresh plunge and, turning over a new leaf, in the eyes of a fair siren he soon writes himself:

With the assistance of his squire (of paper, paste & scissors, Percy fastens on his armour:
Paste

**1877** beendeten Walter Crane und der Drucker Edmund Evans ihre Zusammenarbeit (siehe die vorhergehenden Seiten). Evans fragte daraufhin den seit fünf Jahren in London lebenden Zeichner Randolph Caldecott (1846–1886), ob er für ihn Weihnachts- und Kinderbücher illustrieren könne. Bereits 1878 erschien das bis heute bekannteste Kinderbuch des Künstlers, *The House that Jack built*. Caldecott hatte ursprünglich eine Karriere als Banker eingeschlagen, liebte aber das Zeichnen und besuchte abends die Manchester School of Art. Als er merkte, dass er mit seinen harmlosen aber stets freundlichen Zeichnungen auch bei Londoner Zeitungen Erfolg hatte, gab er seine Anstellung auf und zog nach London.

*The House that Jack built* war sein erstes Kinderbuch. Der traditionelle Kinderreim erweitert sich mit jeder Strophe um eine neue Zeile, die stets voran gestellt wird. Zu jeder neuen Zeile gab es eine farbige Illustration. Zu dem traurigen Hund an der Straßenecke heißt es: »This is the Dog, / That worried the Cat, / That killed the Rat, / That ate the Malt, / That lay in the House that Jack built.«

Auch *Sing a Song for Sixpence* ist originell konzipiert, mit Bildern, die den sehr kurzen Text dominieren und zugleich unmittelbar illustrieren. Die ganzseitigen, abwechslungsreich komponierten Bildchen sind voller Idylle und Reminiszenzen an eine damals bereits weitgehend vergangene, aber liebenswert schrullige, heile Welt. Auch wenn Caldecott als Zeichner nicht an Walter Crane heranreicht, so ist der Erfolg, den er als Kinderbuchzeichner und Illustrator hatte, durchaus verständlich. Bedeutende Zeichner und Kinderbuchillustratoren wie Carl Larsson sollten an ihn anschließen.

Randolph Caldecott, *Sing a Song for Sixpence. One of R Caldecott's Picture Books,* George Routledge and Sons, London 1880, Druck: Edmund Evans, Holzstich, 23 x 20,5 cm

Randolph Caldecott, *The House that Jack built. One of R Caldecott's Picture Books,* George Routledge & Sons, London 1878, Druck: Edmund Evans, Holzstich, 23 x 20,5 cm

Kate Greenaway, *Kate Greenaway's Birthday-Book for Children*, Verses by Mrs. Sale Barke, Druck: Edmund Evans, verlegt von George Routledge and Sons, London 1880, Holzstich, 9,5 x 9,3 cm (Einband: 10,2 x 9,8 cm)

Mit Kate Greenaway (1846–1901) begegnet eine Zeichnerin, die von ihrem ersten Buch an das Bild des niedlichen, adretten, groß staunenden Kindes verbreitete. Die Künstlerin studierte am Royal College of Art in London in einer Frauenklasse. Sie veröffentliche Illustrationen in verschiedenen Zeitschriften, bis 1879 der für seine farbigen Kinderbücher bekannte Drucker Edmund Evans auf sie aufmerksam wurde. Bereits ihr erstes Buch – siehe die folgenden Seiten – wurde ein großer Erfolg und im zweiten erschien schon ihr Name als Teil des Titels.

Das kleine handliche *Birthday-Book* besteht im Wesentlichen aus einem Kalendarium – drei Tage pro Doppelseite – mit je einem Vierzeiler und einer kleinen Illustration pro Tag. Einmal im Monat ist ein farbiges ganzseitiges Bild beigegeben. Die Monatsbilder gehen auf die Jahreszeiten ein und zeigen die Kinder bei entsprechendem Spiel und in passender Kleidung. Kleidung ist ein wichtiges Stichwort für die Kinderbilder von Kate Greenaway. Sie wählte so gut wie nie zeitgenössische Kleidung, sondern erfand eine an das Empire und das Biedermeier angelehnte Kindertracht. Große Hüte und Hauben – sie können in der Seitenansicht das kindliche Köpfchen völlig verstecken und erinnern an die »Invisibles« in den Pariser Karikaturen um 1800 – Röcke mit Schürzen, lange, gesäumte Mäntel, Hosenanzüge mit Dreiviertelbeinen, immer wieder Schleifen und Bänder: das ergibt weder eine historische noch eine zeitgenössische Tracht, sondern beruht auf eigener Erfindung der Autorin. Immerhin hatte Kate Greenaway damit solchen Erfolg, dass das Londoner Kaufhaus Liberty's daraus eine eigene Kindermodelinie machte.

K.G

Polly's, Peg's, and Poppety's
Mamma was kind and good;
She gave them each, one happy day,
A little scarf and hood.

A bonnet for each girl she bought,
To shield them from the sun;
They wore them in the snow and rain,
And thought it mighty fun.

But sometimes there were naughty boys,
Who called to them at play,
And made this rude remark—"My eye!
Three Grannies out to-day!"

41

Kate Greenaway, *Under the Window*, Pictures & Rhymes for Children by Kate Greenaway Engraved & Printed by Edmund Evans, verlegt von George Routledge & Sons, London 1879, Holzstich, 23,7 x 18,7 cm (Einband 24,2 x 19,2 cm)

Bereits das erste Buch von Kate Greenaway, *Under the Window* von 1879, erscheint überaus typisch für ihre Kinderillustrationen und sollte den Weg zu ihrem weiteren Werk weisen. Es handelt sich um eine Sammlung kleiner Verse, illustriert mit Vignetten und halb- oder viertelseitigen Bildern, seltener auch ganzseitigen. Der Titel leitet sich von der ersten Zeile des ersten Gedichts ab und darf zugleich als Motto für die nachfolgenden Szenen und Texte gelesen werden: kleine Beobachtungen in Versform beschrieben und in der Regel geradezu wörtlich illustriert.

Übergroße Hauben und auffällige Hüte begegnen allenthalben und werden in manchen der Texte humorvoll angesprochen. So auch in der Zeichnung der drei kleinen Mädchen auf der Spielwiese. Die Mutter schenkte ihnen Hauben: »A bonnet for each girl she bought, / To shield them from the sun; / They wore them in the snow and rain, / And thought it mighty fun. / But sometimes there were naughty boys, / Who called to them at play, / And made this rude remark: My eye! / Three Grannies out to-day!« Die Altertümlichkeit der Kleidung wird humorvoll kommentiert.

Fast zehn Jahre und wohl zwanzig Bücher später erschien der *Rattenfänger von Hameln*, in englische Verse gefasst von Robert Browning. Die Zeichnungen wirken abgeklärter und nicht mehr ganz so verspielt. Sichtlich bemühte sich die Künstlerin um historische Kostüme und mittelalterliche Details. Während die Stadtansichten wenig originell wirken, gelingen ihr in einfachen Szenen mit belebten Umrissen lebhafte und originelle Zeichnungen.

Links: Kate Greenaway, *Under the Window* (siehe linke Seite).
Mitte und rechts: Kate Greenaway, *The Pied Piper of Hamelin* by Robert Browning, Engraved and printed by Edmund Evans, The Racquet Court Press London, London 1888, Holzstich, 25,2 x 22,3 cm

In der Mitte des 17. Jahrhunderts beschloss der Große Kurfürst, Friedrich Wilhelm von Brandenburg, Potsdam zu seiner zweiten Residenz auszubauen. Seither haben preußische Fürsten dort Schloss neben Schloss und Park neben Park angelegt. Schloss Babelsberg und das Orangerieschloss, 1849 beziehungsweise nach 1870 fertig gestellt, waren keinesfalls die letzten Großbauten. Die beiden repräsentativen Grafiken dürften jeweils kurz nach der Fertigstellung der Anlagen entstanden sein.

Schloss Babelsberg war der Sommersitz des Prinzen Wilhelm von Preußen – dem späteren Wilhelm I. – und seiner Gattin Augusta, die erste Pläne bereits 1831 in Auftrag gaben. Der Bau verzögerte sich mehrfach, nicht zuletzt, weil Augusta ein gelockertes Ensemble im englischen Tudorstil wünschte. Erst nach dem Tod von Karl Friedrich Schinkel 1841 und Ludwig Persius 1845, die zunächst mit dem Bau beauftragt waren, gingen die Arbeiten unter Johann Heinrich Strack (1805–1880) und im Sinne von Augusta zügig voran. Die Lithografie zeigt die malerische Hauptansicht des von Türmchen überragten Schlosses, einem

Johann Heinrich Strack (?), Schloss Babelsberg in Potsdam, Lithogr. Anstalt v. W. Loeillot in Berlin, Verlag von Ernst & Korn in Berlin (Gropius'sche Buch u. Kunsthandlung), Berlin um 1850, Chromolithografie, 45 x 60,7 cm

Hauptwerk des Burgenstils. Der Auftrag für die farbige Grafik dürfte auf Strack zurückgehen, der vielleicht selbst die gezeichnete Vorlage lieferte – sicher auch zur Eigenwerbung – und sich gemeinsam mit seinen Vorgängern als Entwerfer aufführen ließ.

Das Orangerieschloss, dessen Planung in den 1840er Jahren begann und das maßgeblich von Friedrich Wilhelm IV. und seinem Nachfolger Wilhelm I. – dem späteren Kaiser – entworfen war, wurde erst nach 1870 von August Stüler vollendet. Der gesamte Bau nimmt eine Breite von über 300 Metern ein. Optisch dominiert der zentrale Mittelbau, akzentuiert von Säulen und Türmen im Stil der italienischen Renaissance. Der Berliner Landschaftsmaler Christian Wilberg (1839–1882) wählte die beeindruckende Ansicht von einem tiefer gelegenen Standpunkt im Süden. In Verlängerung der hohen Terrasse ragt der Mittelbau mit der Loggia und der von Ecktürmen flankierten Säulengalerie vor malerisch bewegtem Himmel auf.

Christian Wilberg, Das Orangerieschloss in Potsdam, Druck: Otto Radde, Hamburg um 1875, Stenochromie (siehe S. 22), 35,9 x 45,8 cm

Seit den ersten Weltausstellungen in London 1851 und Paris 1855 – und jeweils einer weiteren in diesen beiden Städten – war Wien 1873 erst die dritte Stadt, in der eine Weltausstellung stattfand. Auch hier wurde die Tradition fortgesetzt, mit einem markanten Bauwerk ein Zeichen zu setzen. In Wien war es die Rotunde, die mit ihrer enormen Spannweite Aufsehen erregte. Die Ansicht, die der Wiener Chronist Franz von Alt von der Weltausstellung wählte, zeigt jedoch nicht die Rotunde, sondern links die Kunsthalle, am Ende der Ausstellungsachse gelegen, mit der Gartenanlage und dem Nachbau des Sultan Ahmed-Brunnens aus Istanbul im Zentrum. Der für ein Wandbild eher kleine Druck dürfte zur Erinnerung an das Ausstellungsereignis und als Mitbringsel gedacht und vom Verleger auf eigenes Risiko herausgebracht worden sein.

Franz von Alt (1821–1914), Ansicht der Wiener Weltausstellung, E. J. Hölzels Kunstverlag, Wien 1873, Chromolithografie, 25,1 x 38 cm

Die Ansicht der Münchner Löwenbrauerei gibt nicht nur einfach die Firmengebäude wieder, sondern liefert mit den eingesprengten Bildern im Vordergrund eine umfassende Information über die weitläufige Anlage. Es dürfte aus Anlass der Eröffnung des Löwenbräu-Kellers 1883 entstanden sein, der sich prominent im Vordergrund erhebt. Das reich dekorierte Gebäude mit seiner Mischung aus Renaissancearkaden und bayrischer Burgenarchitektur erhebt sich wuchtig an der Straßenecke, dem heutigen Stiglmaierplatz. Im selben Jahr wie das Restaurant wurde auch die Dampfstraßenbahn eröffnet, die im Vordergrund die Nymphenburger Straße hochfährt. Qualmende Schornsteine zeugen, wie oft auf Fabrikbildern des 19. Jahrhunderts, von großer Geschäftigkeit und damit vom Erfolg der Brauerei. Das stattliche Bild dürfte im Auftrag der Brauerei entstanden sein. Seine Verwendung lässt sich schwer in privaten Räumen denken, sicher aber in Schank- und Kontorräumen.

Ansicht des Löwenbräu-Firmengeländes, Lithographie und Druck der Lithographisch-Artistischen Anstalt München, vormals Gebrueder Obpacher, München 1883, Chromolithografie, 70 x 97,2 cm

Sixtinische Madonna (Ausschnitt), nach dem Gemälde von Raffael in der Gemäldegalerie Dresden, Druck: Otto Radde, Hamburg um 1875, Stenochromie (siehe S. 22), 75,7 x 56,6 cm

Diese beiden Reproduktionsgrafiken wiederholen zwei der bekanntesten Madonnenbilder der europäischen Malerei. Von der *Sixtinischen Madonna*, einem der Hauptwerke Raffaels und seit dem 18. Jahrhundert eine der großen Attraktionen der Dresdener Gemäldegalerie, sehen wir den zentralen Ausschnitt mit der Madonna und dem Kind. Murillos *Madonna de Soult* im Louvre – sie hat ihren Namen von Marshal Soult, einem napoleonischen General, der sie aus dem Hospital de los Venerables Sacerdotes in Sevilla entführte – ist zwar annähernd im originalen Bildausschnitt reproduziert, jedoch wurden viele Details fortgelassen.

Beide Drucke basieren auf Fotografien, die farbig unterlegt wurden. Allerdings fotografierte man nicht die originalen Gemälde, sondern bereits vorhandene und schwarzweiß ausgeführte Reproduktionen. Die Abweichungen vom Original gehen auf die Abweichungen der fotografierten Reproduktionen zurück. Im Falle der *Sixtinischen Madonna* sind die Unterschiede im Detail minimal und schwer zu benennen, doch ist der Gesamteindruck ein völlig anderer. Aus den weichen und natürlich schönen Zügen der Madonna des Originals ist eine zwar ebenmäßig schöne, aber strengere und in den Proportionen schematisch wirkende Frau geworden. Fast hat es den Anschein, als habe sich der Kopist nicht nur an die Vorlage, sondern auch an Proportionsregeln für Gesichter gehalten, die nach der akademischen Auffassung des 19. Jahrhunderts auf Raffael beruhten. In eine ähnliche Richtung tendiert der Kopf des Kindes: Aus dem durchaus individuellen Kindskopf von Raffael wurde ein knubbeliges, eher einem Klischee entsprechendes Kindergesicht.

Die Drucke auf den nächsten Seiten weisen keinerlei Signatur, Druckvermerk oder Beschriftung auf, wenngleich im Falle der Tablettträgerin durch das Inventar bekannt ist, dass die Lithografie in der bekannten Berliner Plakatdruckerei Aberle & Co entstand (DfP III, Nr. 3675). Es handelt sich um sorgfältig ausgeführte Chromolithografien von sechs und mehr Steinen. Sicher ließe sich in beiden Fällen eine Beschriftung vorstellen, die aus ihnen Plakate für Kosmetik und Tee gemacht hätte.

Die junge Frau mit dem Blumenschmuck steht in der Motivtradition der Verkörperung des Frühlings. Nicht zufällig dürfte es sich bei den Rosen auf dem keck schräg gesteckten Hut und den Nelken im Mieder um stark duftende Blumen handeln, die sich zu Parfums, Duftwassern und Cremes verarbeiten ließen, so dass sich die Darstellung als dekorativer Wandschmuck wie auch als Plakat eignete. Der ovale Ausschnitt des Hintergrunds, aber auch die nur angedeuteten Arme und der ins Ungewisse verlaufende Körperansatz schließen an eine im 19. Jahrhundert weit verbreitete Form der Porträtmalerei und -fotografie an. Diese Entsprechung verleiht dem Druck Seriosität und Anspruch. Es ist möglich, dass der Lithograf auf eine Fotografie zurückgriff, die er idealisierte und dadurch Klischees wie Unschuld, Frische und – das tief geschnittene Mieder mit dem losen Hemdchen, betont durch die Nelken – Erotik bediente. Auch die Darstellung der Orientalin greift auf verbreitete Vorstellungen von Harem, exotischer Schönheit und Sinnlichkeit zurück.

Unbefleckte Empfängnis (Madonna de Soult), nach dem Gemälde von Murillo im Louvre, Druck: Otto Radde, Hamburg um 1875, Stenochromie, 94,4 x 70,3 cm

Junge Frau, oder: Der Frühling, deutsch oder österreichisch, um 1885, Chromolithografie, 3,8 x 39 cm

Orientalin, Druck: Aberle & Co., Berlin 1885/90, 71,1 x 40,2 cm

Ein Postschnellzug rast durch die Nacht, waagerecht wird der Qualm vom Fahrtwind verweht. Telegrafenmasten säumen die mehrgleisige Strecke. Der Lokführer winkt zwei Gleiswächtern zu. Aus der offenen Tür des ersten Waggons lehnt sich lässig ein Mitarbeiter in den Fahrtwind. Ein Fichtenwald säumt die Gleise und im Hintergrund führt eine stählerne Brücke über einen Fluss, beschienen vom silbernen Mond. Das auffälligste Detail ist der strahlende Scheinwerfer vor dem Schornstein der Lokomotive. (Elektrisches Licht wurde erst Ende der 1880er Jahre bei Eisenbahnen eingeführt.) Die Nachtszene verbindet Technik und Romantik, sie ist aktuell, sachlich in den Details und zugleich verklärend in der Stimmung. Das Bild lässt sich nur schwer einer Tradition zuordnen, tritt es doch zugleich als Nachtbild, als Landschaft und als Darstellung moderner Technik mit ihren Verheißungen von Geschwindigkeit und Kraft auf.

Es könnte sein, dass das Blatt im Auftrag der American Express Company und der mit ihr kooperierenden Wells Fargo Co. entstand, deren Namen auf den Waggons zu erkennen sind. Das tut jedoch der Attraktivität des Wandschmucks keinerlei Abbruch. Aus dem einstigen Paket-Schnelldienst ging übrigens der heutige Kreditkarten-Konzern hervor.

M. F. Bery, Nachtzug der American Express Co. und der Wells Fargo Co., Copyright 1884 by M. F. Bery, Druck: Sackett, Wilhelms & Betzig, New York 1884, Chromolithografie, 61,3 x 91,2 cm

Kolumbus entdeckt Amerika: Trotz aller Buntheit und Naivität handelt es sich um eine anspruchsvolle Komposition. Wie ein Fels steht Kolumbus inmitten seiner erschöpften Seeleute, die gerade am Horizont Land erblickt haben. Im Gegensatz zu ihnen blickt er nicht zum Horizont, sondern bleibt ungerührt und standhaft – man denkt an Darstellungen von Martin Luther auf dem Reichstag in Worms, als er sagt: »Hier stehe ich, ich kann nicht anders.« Auch bei der Anordnung der Gefährten – es sind zwölf, analog zu den zwölf Jüngern Christi – ließ sich der unbekannte Maler von der europäischen Historienmalerei anregen, so etwa vom Floß der Medusa des Théodore Géricault.

Befremdlich wirken die links unten und rechts oben eingestreuten Darstellungen von Pflügen. Sie verweisen auf die eigentliche Funktion des Blattes: Es wirbt für Landmaschinen. Der Hersteller – deutlich unter dem Blatt genannt – verleiht seinen nüchternen Produkten durch die Verknüpfung mit dem historischen Ereignis Bedeutsamkeit. Ein solcher Druck war keine kurzlebige Werbung, sondern ein attraktiver Wandschmuck, der belehrte und lange betrachtet werden wollte. Die kuriose, in europäischen Augen unpassende Verbindung von Landmaschinen und dem großen historischen Moment dürfte dem Zielpublikum, den Farmern im Midwest in ihrer weitgehend bilderlosen Welt nicht aufgefallen sein.

Kolumbus entdeckt Amerika, Wandbilddruck des Landmaschinenherstellers Aultman, Miller & Akron, Druck: Schuhmacher & Ettlinger, New York 1891, Chromolithografie, 58,1 x 83,4 cm

Die Abbildung des adretten Knabens, der seine Schuhputzkünste anbietet, erschien als Sonntagsbeilage einer New Yorker Tageszeitung. Der Druck dürfte gefaltet verteilt worden sein. Der New Yorker und überhaupt der nordamerikanische Zeitschriftenmarkt war in den 1890er Jahren heftig umkämpft. Vor allem die beiden Verleger William Randolph Hearst und Joseph Pulitzer überboten sich gegenseitig mit immer neuen Werbegeschenken und Beilagen. Höhepunkt in dem Wettstreit war 1896die Einführung der mehrseitigen Wochenendbeilagen mit farbig gedruckten Comics. Die Comics wurden als vergleichsweise grobe Strichätzungen vervielfältigt, ungleich günstiger im Druck als der hier abgebildete Kunstdruck, der fünf Jahre früher als hochwertige Chromolithografie entstand und sich als Wandschmuck anbot. John George Brown, der das Gemälde im selben Jahr geschaffen hatte, malte mehrfach ärmliche aber frohgemute Schuhputzjungen wie diesen.

Die dänische Malerin Catherine Amyot heiratete 1878 nach London und stellte dort regelmäßig in der Royal Academy aus. Ihre Genrebilder zeigen häufig Kinder wie diesen Jungen, ein bisschen ver-

John George Brown (1831–1913), Shoeshine, Sonntagsbeilage der Zeitschrift *The New York Recorder*, 1891, Chromolithografie, 53,1 x 37 cm
Catherine Amyot (1845–nach 1890), Tit-bits, Druck: Riddle & Couchman Lith., London um 1890, Chromolithografie, 65,6 x 46,6 cm

wahrlost, aber ohne Zweifel liebenswert. Zu dem Gemälde von Amyot gibt es eine Fortsetzung. Der Knabe, der hier in seine Zeitung so vertieft ist, dass er gar nicht merkt, wie die Katze sich über seine Fisch-Auslage hermacht, ist dort aufgesprungen, und verscheucht wütend die Katze, während der Fisch auf der Straße verstreut ist. Das zweite Gemälde wurde offenbar nicht als Druck vervielfältigt.

Waren der Amerikaner Brown und die Dänin/Engländerin Amyot für ihre einschmeichelnden Kinderdarstellungen bekannt, so hatte der Italiener Saporetti mit seinen Darstellungen schöner Frauen Erfolg. Folkloristische Kleidung – die Jacke ähnelt der Tracht der Sarden – und ein züchtig geneigter Kopf charakterisieren die eine, während die andere kokett und herausfordernd den Kopf zum Betrachter wendet. Wenig später sollte Alfons Mucha mit seinen durchaus vergleichbaren Frauengestalten – zum Beispiel den *Têtes byzantines* – internationalen Erfolg haben. Sehr modern wirkt der Bildausschnitt, der durch den frei belassenen Hintergrund und seine kalkulierte Unregelmäßigkeit den Eindruck des Unvollendeten macht. Toulouse-Lautrec konzipierte vieler seiner Werke ähnlich.

Edgardo Saporetti (1865–1909), zwei junge Frauen, eine in sardischer Tracht, Norditalien um 1890/95, Chromolithografie, je 51 x 39 cm

*The Art Interchange* war eine 1878 in New York gegründete Kunstzeitschrift, die schon früh mit Illustrationen und farbigen Kunstbeilagen aufwartete. Motive wie die hier ausgewählten erscheinen aus heutiger Sicht belanglos, doch entsprachen sie ohne Zweifel in den Augen der Redakteure den Vorstellungen von moderner Kunst. 1894 hatte sich die Zeitschrift ausdrücklich gegen die Verwendung von Kunstwerken in der Werbung gewandt und die gedankenlose Verquickung von Kunst und Werbung angeprangert (Marzio 1979, S. 200).

Paul de Longpré (1855–1911), ein Franzose, der 1890 in die USA gekommen war, hatte sich hier gekonnt und mit Erfolg auf Blumenbilder spezialisiert. Blüten und Blätter gab er botanisch korrekt und geradezu fotografisch getreu wieder. Er wählte jeweils eine Pflanze als Motiv und deutete ein Ambiente nur durch den Schatten auf dem weißen Hintergrund an. Nicht zuletzt die farbliche Beschränkung, von der Blume vorgegeben, verleiht den Arbeiten Longprés eine große Attraktivität. Das Katzenbild ist eine der unzählbaren Versionen von kleinen Katzen, die auf ihre putzige Art Unfug anstellen. Hier legen sie gerade eine – in der Realität kaum vorstellbare – Ruhepause ein und reihen sich zum Gruppenbild auf.

»Out of mischief« – ihnen ist der Unsinn ausgegangen, Coloured supplement to *The Art Interchange*, New York um 1895, Chromolithografie, 35,8 x 51 cm

Schiffsporträts oder Kapitänsbilder – siehe die folgenden Seiten – kamen im 18. Jahrhundert auf. Es handelt sich um dokumentarische Abbildungen von Schiffen, die zunächst im Auftrag von Kapitänen angefertigt wurden. In dieser Tradition stehen die großformatigen Drucke, die um 1890 anlässlich des Stapellaufs entstanden. An die Stelle der früher strengen Seitenansicht trat eine dynamische Schräge. Die einst ruhige See und der Himmel erscheinen nun bewegt. Auftraggeber waren nicht mehr Kapitäne, sondern die Reedereien, die mit derartigen Drucken ihre Vorstandsetagen und vielleicht auch Verkaufsstellen schmückten. Allerdings unterscheiden sich diese Schiffsporträts deutlich von Plakaten, die für die Linienschifffahrt einer Reederei werben (siehe Seite 106).

Wie auch bei den Plakaten lässt sich an den Schiffsporträts die rasante technische Entwicklung ablesen, die die Dampfschifffahrt in den Jahren um 1890 nahm. Während Motoren, Geschwindigkeit und selbst die Größe – mangels eines Maßstabes – nur schwer sichtbar gemacht werden können, lässt sich die Modernität eines Schiffes, für jeden verständlich, am Verhältnis von Segel und Schornstein ablesen. Die einen nehmen ab, während die anderen in Zahl und Größe wachsen. Kaum fünf Jahre später hatten die neuen Dampfer bereits keine Segel mehr.

Paul de Longpré, Ein Topf mit Veilchen, Beilage der Zeitschrift *The Art Interchange*, Druck: Standard Lithographing Company, New York 1896, Chromolithografie, 27,8 x 40,7 cm
Paul de Longpré, Hollyhocks – Stockrosen, Beilage der Zeitschrift The Art Interchange, Druck: Standard Lithographing Co., New York 1895, Chromolithographie, 51 x 28,1 cm

Augusta Victoria. Doppelschrauben-Schnelldampfer der Hamburg Amerikanischen Packet Fahrt Actien Gesellschaft, Druck: J. Aberle & Co, Berlin & London, 1889, Chromolithografie, 109 x 78,8 cm

Fürst Bismarck. Doppelschraubendampfer der Hamburg Amerikanischen Packetfahrt Actien-Gesellschaft,
Druck: J. Aberle & Co Berlin & London, Berlin 1891, Chromolithografie, 76,1 x 100,3 cm
Reichspostdampfer Kaiser Wilhelm II., Eigenthum des Norddeutschen Lloyd Bremen,
Druck: Mühlmeister & Johler, Hamburg u. Bremen, 1889, Chromolithografie, 84,7 x 113 cm

Hughson Hawley, Metropolitan Life Home Office Building, Druck: The Knapp Lith., New York 1893, Chromolithografie, 114,3 x 85,5 cm

Nicht nur Schiffe, auch große Gebäude, Denkmäler und andere repräsentative Vorhaben wurden anlässlich ihrer Einweihung oder Übergabe in ihrem Aussehen für die Nachwelt festgehalten. In früheren Jahrhunderten stellten Herrscher ihre Schlösser in umfangreichen Grafikserien den anderen Fürstenhäusern vor. Und noch heute beauftragen Bauherren oft Fotografen, um einen Neubau zu dokumentieren. In diese Tradition gehören auch diese drei repräsentativen Ansichten. Wo sie zum Aushang kamen, lässt sich nur vermuten. Für die Mappe des Grafiksammlers waren sie zu groß, doch dürften sie in Geschäftsräumen und Salons einen stattlichen Eindruck gemacht haben.

Das Hotel Metropole wurde 1890 unweit des Westpiers in Brighton eröffnet, errichtet vom bedeutenden Londoner Architekten Alfred Waterhouse. Mit seiner roten Ziegelfassade unterschied es sich deutlich vom hellen Sandstein, der sonst in dem königlichen Seebad in Südengland vorherrschte. Harold Oakley malte die Ansicht von der See, mit Blick auf den Westpier im Vordergrund und den stattlichen, von Schornsteinen und Türmen gekrönten Bau im Zentrum. Ein solcher Blick war von den Zeitgenossen – und auch vom Maler – in der Realität nicht zu erleben. Vielleicht diente ein Foto, von einem Ballon aufgenommen, als Vorlage.

Auch die beiden New Yorker Versicherungsgebäude warten mit hoheitlicher Architektur und stattlichen Dimensionen auf. Eine reiche Fassadengestaltung mit mächtigen Gesimsen und Säulen, die den Eingang betonen, macht den Anspruch deutlich. Das Gebäude der Fouditable Life Insurance zitiert mit dem Mansardendach und den Dachpavillons unmittelbar Pariser Vorbilder (Farbe fürs Volk 1999, S.12). Die beiden stattlichen Chromolithografien dürften auf Fotografien beruhen, die, vor allem im Fall des Metropolitan Life Buildings, getreu übernommen wurden.

Harold Oakley, Brighton, Hotel Metropole, England um 1890, Chromolithografie, 76 x 98 cm
Sitz der Fouditable Life Insurance, Druck: The Knapp Co., New York um 1890, Chromolithografie, 77,1 x 95 cm

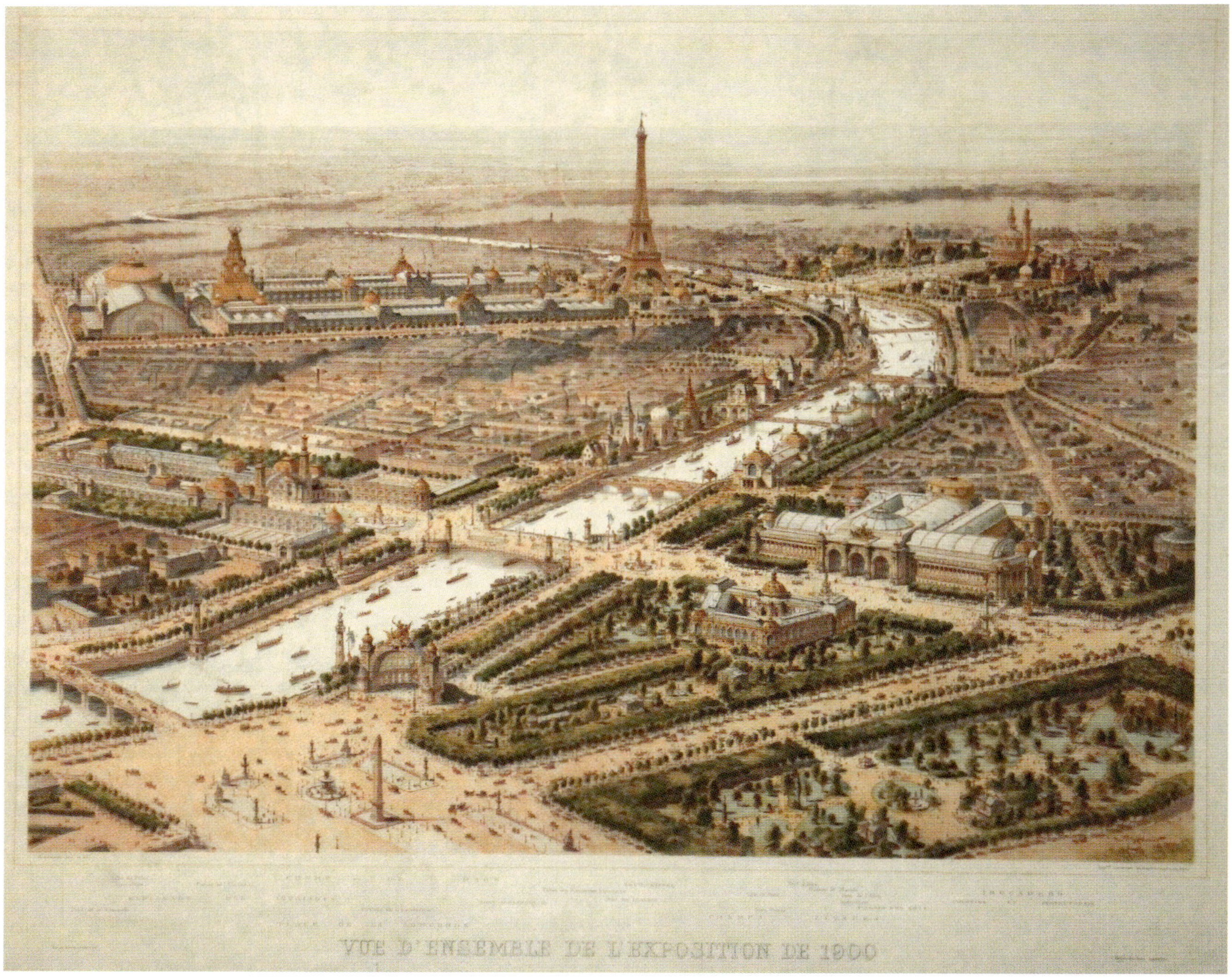


Die Pariser Weltausstellung von 1889 konnte mit zwei großen Sensationen aufwarten: mit der Maschinenhalle, einer gigantischen Stahl- und Glaskonstruktion – 420 x 115 Meter groß – und dem Eiffelturm mit seiner Höhe von 300 Metern. Während die Halle 1910 abgerissen wurde, ist der Eiffelturm heute zum Sinnbild der Stadt geworden. Zur Weltausstellung wurde er nachts mit einer Art bengalischem Feuer beleuchtet und strahlte mit elektrischen Scheinwerfern auf den Eingangspavillon der Maschinenhalle. Diesen spektakulären Anblick hält der Druck von der Marinoni-Presse fest. Er entstand als Zinkografie – eine Lithografie, nicht vom Stein gedruckt, sondern von einem Zinkblech –auf der Weltausstellung. Als Andenken und Zeuge der technischen Innovation konnte er erworben werden.

E. Hoffbauer, Paris zur Weltausstellung 1900, Druck: Lemercier, Paris 1900, Chromolithografie, 61,9 x 78 cm

Elf Jahre später fand die größte Pariser Weltausstellung statt, die an Prunk bis heute unübertroffen blieb. Der Blick aus der Vogelperspektive zeigt, in welchem Maße die Weltausstellungen die Stadt geprägt haben. Im Vordergrund führt vom großen Place de la Concorde die Prachtstraße der Champs Élysées nach rechts. Nach einigen hundert Metern zweigt die Hauptachse der Weltausstellung von 1900 ab. An ihr liegen zunächst das Grand Palais und gegenüber das Petit Palais. Über die neu errichtete Brücke Pont Alexandre III – benannt nach dem Zaren, der die Weltausstellung auch besuchte – verläuft sie weiter zwischen Pavillons und Galerien und führt schließlich zum Invalidendom (außerhalb des Bildes), der Grabstätte Napoleons. Entlang der Seine, oberhalb des Pont Alexandre III, sind die Pavillons der beteiligten Nationen aufgereiht. Sie führen zu den Anlagen der Weltausstellungen von 1878 – dem Palais Trocadéro rechts der Seine – und von 1889, links der Seine, mit dem Eiffelturm und schließlich der Maschinenhalle links. Zwischen dem Eiffelturm und der Maschinenhalle wurde, als neues Entree für den Industriepalast, das Palais de l'Électricité errichtet, ein der Elektrizität gewidmeter hoher Kuppelbau. Die selbst aus der Ferne noch große Maschinenhalle erhielt eine gigantische zentrale Kuppel. Man ahnt die Anstrengungen, die hinter diesen raumgreifenden Bauten stecken.

Georges Garen, Leuchtfeuer auf dem Eiffelturm, »Imprimé sur zinc à l'Exposition Universelle (Galerie des Machines) par MONROCQ sur la nouvelle presse MARINONI«, Paris 1889, Chromolithografie (»Zinkografie«), 61,2 x 39,9 cm

Sammelbilder waren im späten 19. Jahrhundert noch vor Postkarten die häufigste Bildform. Im Format von Geschäfts- oder Visitenkarten unterhielten sie mit belehrenden Bildern auf der Vorderseite und versteckten die Werbung auf der Rückseite. Sie kamen um 1870 in Paris auf, wo sich große Kaufhäuser wie Au bon Marché oder Printemps mit Sammelbildern die Kunden streitig machten. Die Karten erschienen schon bald in Serien, sie wurden Verpackungen beigelegt, über den Ladentisch dem treuen Kunden gereicht und später gemeinsam besonders auch über Automaten verkauft.

Der Schokoladenhersteller Suchard, 1825 in Neuchâtel in der Schweiz gegründet, war einer der vielen Süßwarenhersteller, die mit Sammelbildern Kunden zu binden suchten. Hier ist eine sechsteilige Serie mit Kinderspielen ausgewählt, die in den Darstellungen sehr konservativ auftritt. Auf den Vorderseiten findet sich kein Text, sondern lediglich eine Schokoladentafel oder eine Dose mit löslichem Kakao. Auch die seit 1817 in Berlin ansässige Firma Theodor Hildebrandt & Sohn stellte Schokoladen her. Sie gab nur vorübergehend Sammelbilder heraus. Grafisch besonders reizvoll sind zwei fünfteilige Serien mit Schattenspielen.

Die Hamburger Gewerbe- und Industrieausstellung von 1889 war die bis dahin größte Messe der Hansestadt und wurde mit zahlreichen Drucksachen beworben, darunter auch sechs Sammelbilder mit Kindern in unterschiedlichen Trachten. Sie haben das ungewöhnlich große Format von Postkarten, allerdings ist die Rückseite mit Informationen zur Ausstellung bedruckt. Die Kinder sind offensichtlich nach gestellten Fotos lithografiert worden und machen, besonders auch in ihrer zurückhaltenden Farbigkeit, die an handkolorierte alte Fotos erinnert, einen erstaunlich realistischen Eindruck.

Suchard-Sammelbilder: Kinderspiele, Schweiz, 1885/90, Chromolithografie, je 10,1 x 6,6 cm

Sammelbilder der Schokoladenfabrik Theodor Hildebrandt & Sohn, Hamburg – Bremen – Berlin, Kunstdruck Friedberg Berlin, um 1890, Chromolithografie, je 8,9 x 6 cm
Sammelbilder der Gewerbe- & Industrie-Ausstellung Hamburg 1889, Chromolithografie, je 16,9 x 10,9 cm

Liebig Company's Fleisch Extract, Serie Erfinder, Publishers: Liebig's Company, London. Druck: Gebrüder Klingenberg, Detmold 1890, Chromolithografien, je 7,1 x 11,1 cm, Dargestellt sind: Gutenberg, der Erfinder des Buchdrucks, Montgolfier in seinem Fesselballon, der Erfinder der Dampfmaschine, James Watt, dann Berthold Schwarz, der Erfinder des Schwarzpulvers, Thomas Alva Edison experimentiert mit einem Telefon und George Stephenson fährt auf seiner ersten Lokomotive.

**1875** begann Liebig, ein zunächst belgischer, dann in London ansässiger Hersteller von Fleischextrakt, mit der Herausgabe von Sammelbildern. Er sollte damit so erfolgreich werden, dass noch heute das ganze Genre der Sammelbilder oft zusammenfassend als Liebig-Bilder angesprochen wird. Die Erfinder-Serie von 1890 ist typisch für die Liebig-Bilder: Die Kärtchen haben ein gemeinsames Thema, das detailliert ausgemalt wird und in einem kleinen Schriftbalken kurz über den Inhalt informiert. Ein Bild des Fleischextrakt-Glases ist stets präsent Die Serie erschien zeitgleich auf Italienisch, Französisch, Deutsch und Holländisch (Sanguinetti Nr. 273). Andere Serien kamen in bis zu zehn Sprachen heraus.

Die Aida-Serie ist ähnlich angelegt, wurde aber aufwändiger mit Gold gedruckt. Zudem ist hier, eine große Ausnahme bei Liebig-Bildern, der Zeichner bekannt. Es handelt sich um Florence Edel (1871–1944), eine Amerikanerin, die in Paris lernte und einen italienischen Bühnenbildner heiratete. Ihre eher steife, aber penible Zeichnung scheint den breiten Geschmack genau getroffen zu haben, jedenfalls erhielt sie bis zum Ausbruch des Ersten Weltkriegs stets neue Aufträge von Liebig (Lorenz 2000, S. 87).

Die sechs Bildchen illustrieren zentrale Stellen der damals populären Verdi-Oper. Verdi schrieb die Oper 1870 im Auftrag des Khedive von Kairo. Die gefangene äthiopische Königstochter Aida und der ägyptische Feldherr Radames lieben sich, doch soll er die Tochter des Pharaos heiraten. Da er zudem denkt, sein Volk verraten zu haben, lässt er sich verurteilen und im Grabgewölbe einmauern, wo er gemeinsam mit Aida sein Ende besingt. Das erste der sechs Kärtchen zeigt den Pharao, wie er Radames ausschickt, links steht Aida und rechts Amneris, die Tochter des Pharaos. Auf dem nächsten Bild wehen Sklaven der Amneris Kühlung zu, während sie zum Fest bereitet wird und ihre Liebe zu Radames besingt (»Vieni, amor mio«). Das sechste der Bildchen zeigt die ergreifende Schlussszene mit Radames und Aida im verschlossenen Verlies.

Florence Edel, Liebig Company's Fleisch-Extrakt, sechsteilige Serie zur Oper Aida, Publishers: Liebig's Company, London.
Druck: Gebrüder Klingenberg, Detmold, 1891, Chromolithografien, je 10,5 x 7,1 cm

Sammelbilder für McLaughlin's Coffee, Druck: Shober and Carqueville Lith. Co. Chicago, um 1890, Chromolithografie, je 17,6 x 13,8 cm

Die Sammelbild-Szene nahm in den USA nicht solche Formen an wie in Europa. Weder gab es einheitliche Formate und Serien, noch war sie so umfangreich und in dem Maße durchorganisiert wie in Europa, wo viele Firmen mit eigenen Sammelalben und sogar Verkaufsautomaten auftraten. Druckereien wie The Knapp Company in New York oder Shober & Carqueville Lithographing Company in Chicago spezialisierten sich schon vor 1890 auf Sammelbilder, die mit ihrem kleinen Format und den populären Motiven besondere Farbkraft und Präzision verlangten. Eine Spezialität von Knapp war das ›Stippel‹, die Punktiermanier, die mechanisch, aber sehr fein, als Raster eingesetzt wurde.

Vorherrschendes Motiv der amerikanischen Sammelbilder waren ohne Zweifel Kinder. Sie konnten einfach nur süß schauen, adrett gekleidet und Blumen haltend, oder in putziger Weise die Erwachsenen nachahmen. Anklänge an europäische Berufsdarstellungen finden sich in der zehnteiligen Serie mit Kindern, die Berufe wie Boxer, Schauspieler, Tischler oder Naturforscher ausüben. Genaue Beobachtung von kindlichem Mienenspiel mischt sich mit Klischees und Verweisen auf die traditionelle Ikonografie, wie etwa der Totenschädel unter dem Naturforscher. Trotz aller Süßlichkeit der Darstellungen sind sie im Detail voller Witz und Humor und auch vom gesamten Konzept her handelt es sich im Grunde genommen um beachtliche Leistungen.

Sammelbild für McLaughlin's Coffee, Druck: The Knapp Co. Lith., New York 1892, Chromolithografie, 17,8 x 12,1 cm
Werbekarte für The Knapp Company, Druck: The Knapp Co., New York 1893, Chromolithografie, 12,9 x 17,8 cm

Triumphbogen am George Washington Square, New York Post Office, Sammelbilder der New York Life Insurance Company, New York 1889, Chromolithografie, je 12,1 x 17,2 cm

The Youth's Companion, 1827 gegründet und damit eine der ersten amerikanischen Jugendzeitschriften, bot 1891 ihren Lesern eine besondere Serie an: Alle damals 49 Staaten der USA wurden auf einer eigenen Karte vorgestellt. Jede Karte enthielt neben einer Landkarte und der Ansicht des »State Capitols«, des Regierungssitzes, die Darstellung einer typischen Landschaft, verbunden entweder mit einer charakteristischen Tätigkeit oder einem landwirtschaftlichen Produkt. Auf der Rückseite findet sich ein Abriss der Geschichte des jeweiligen Staates. Idaho wartet mit Goldsuchern und einer rasenden Postkutsche auf, in Texas fangen Cowboys Rinder und in Rhode Island gehen die Pilgrim Fathers am Sonntag in die Kirche.

Der komplette Satz der Karten konnte von Abonnenten für einen Dollar erworben werden. Die Karten waren detailliert ausgeführt, professionell gezeichnet und sorgfältig gedruckt. Mit ihrem sachlichen und bildungsbeflissenen Ansatz – amerikanische Schulkinder müssen noch heute die Namen der Staaten, ihrer Hauptstädte und die kartografischen Umrisse auswendig lernen – entsprachen sie der neuen Ausrichtung der Zeitschrift, die sich unter ihrem neuen Eigentümer, der Perry Mason Company, von einer Jugend- in eine Familienzeitschrift wandelte. Autoren wie Harriet Beecher-Stowe, Mark Twain, Emily Dickinson oder Mark Twain schrieben für sie.

Die New Yorker Ansichten wurden von einer Lebensversicherung herausgegeben. Auf der Rückseite enthalten sie ein Kalendarium, doch stehen eindeutig die Abbildungen im Vordergrund, die sich, in Reihe gehängt, sogar als Wandschmuck eigneten. Dargestellt waren die Sehenswürdigkeiten von New York, von der Trinity Church bis zur Wall Street (siehe Farbe fürs Volk 1999, S. 10). Der zu Ehren von George Washington errichtete Triumphbogen, der genau am Beginn der 5th Avenue steht, wurde 1889 zum 100jährigen Jubiläum des Amtsantritts des ersten Präsidenten der USA erbaut. Zunächst nur in Holz ausgeführt, stieß er auf allgemeine Zustimmung und wurde 1895 endgültig in Marmor ausgeführt.

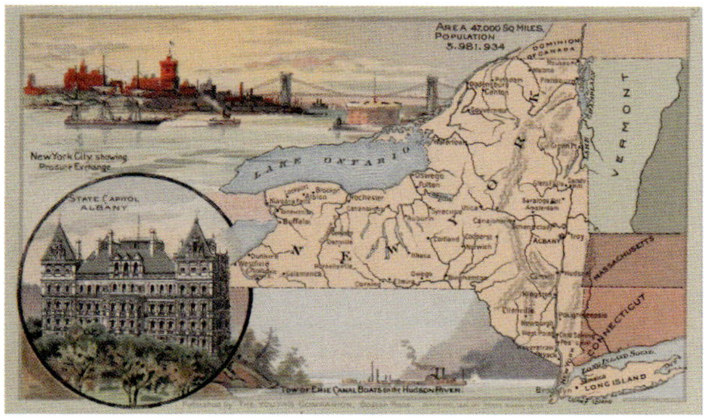


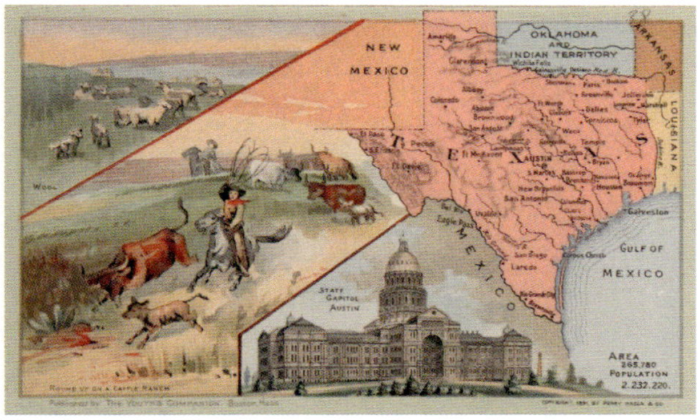

New York, Texas, Washington D.C., Idaho, Aus einer Serie der Zeitschrift The Youth's Companion, Boston 1891, Chromolithografie, je 8,6 x 14,8 cm

Der Zwerg und die Wespen. Stollwerck – Sammelbilder, Köln um 1890, Chromolithografie, je 7,1 x 10,2 cm

Unter den Lebensmittelherstellern gab es manche Branchen, die besonders intensiv mit Sammelbildern warben. Dazu gehörten auf jeden Fall Kakao- und Schokoladenhersteller. Stollwerck, 1839 in Köln gegründet und durch Brustbonbons groß geworden, verlegte sich nach 1860 vor allem auf die Produktion von Schokolade. Bereits vor 1870 bot Stollwerck »Bilder-Chocolade« oder »Photographie-Chocolade« an, bei denen die Verpackungen mit kleinen Bildchen bedruckt waren. Schon bald wurden daraus Bildserien, bei Stollwerck als »Gruppen« bezeichnet. 1887 begann Stollwerck als erstes deutsches Unternehmen im großen Stil Automaten aufzustellen, um Schokoladen zu verkaufen. Bereits 1890 wurden von diesen stummen Verkäufern 18 Millionen Tafeln Schokolade umgesetzt, jede von ihnen mit einem Sammelbild versehen. In den späteren 1890er Jahren stieg die Zahl der gedruckten Stollwerck-Bilder auf über 50 Millionen im Jahr. 1898 und erneut 1900 veranstaltete der Konzern künstlerische Wettbewerbe, an denen zahlreiche namhafte Künstler teilnahmen (Lorenz 2000, S. 19 ff.). Der Zwerg, der auf der hier ausgewählten Serie in unüberlegtem Zorn auf Wespen einschlägt, die sich über die Schokoladen hergemacht haben, stammt von einem anonymen Zeichner und aus Zeiten, als der künstlerische Anspruch noch keine Rolle spielte.

Van Houten in Amsterdam, ebenfalls eine große Traditionsfirma im Kakaogeschäft, warb wie Stollwerck mit verschiedenen Formen von Grafik. Dem Firmengründer Coenraed Johannes Van Houten gelang 1828 erstmalig die Herstellung von Kakaopulver. Das Unternehmen expandierte vor der Jahrhundertmitte international und warb mit Illustrationen, Anzeigen, Plakaten, Prospekten und natürlich auch Sammelbildern. Die kleine Bildserie auf dieser Seite unterscheidet sich von den einfachen Sammelbildern durch die aufwendigere Herstellung. Die Motive wurden in zwei Teilen gedruckt, ausgestanzt und beweglich voreinander montiert. Die Themen sind harmlos und sinnfrei, jedoch in Zeichnung und Druck mit Sorgfalt hergestellt.

Van Houten Kakao, Amsterdam um 1890, Chromolithografie, gestanzt und beweglich montiert, je ca. 9 x 9 cm

Europas Herrscher – sechsteilige Serie von Stollwerck: Queen Victoria von Großbritannien, Zar Nikolaus II. von Russland, Präsident Felix Faure von Frankreich, Kaiser Wilhelm II. von Deutschland, Kaiser Franz Josef I. von Österreich-Ungarn, König Umberto von Italien, Köln 1895/96, Chromolithografie, je 9,3 x 4,8 cm

Die Stollwerck-Serie mit den Herrschern Europas ist ein gutes Beispiel für die belehrende Intention vieler Sammelbilder. Neben ihrer eigentlichen Funktion, der Werbung, legitimierten sie sich gerade durch das Wissen, das sie in der Tat vermittelten. Auf dieser Stollwerck-Serie lernt man die sechs mächtigsten Herrscher Europas kennen, dazu die Nationalfarben der Staaten und ihre Wappen sowie eine Ansicht der Residenzschlösser beziehungsweise Regierungssitze. Die Karten sind keine zehn Zentimeter hoch, jedoch sorgfältig gedruckt, so dass sie selbst in den kleinen Ansichten der Schlösser noch Erstaunliches leisten. Die Herrscherporträts gehen auf aktuelle Fotos zurück, die äußerst präzise lithografisch umgesetzt wurden. Da das Porträt der Queen noch auf dem Foto zum 50jährigen Krönungsjubiläum beruht, lässt sich die Serie auf die Mitte der 1890er Jahre datieren.

Das Einzelporträt der Queen ist allein schon aufgrund seiner Größe kein Sammelbild. Aber die genaue Bestimmung und Funktion des bemerkenswerten Drucks bleiben offen. Wahrscheinlich sind sie genauso ungewöhnlich wie der Anlass: Noch nie gab es ein 60jähriges Krönungsjubiläum in England und selten dürfte das Engagement eines Teehändlers für seine Krone so weit gegangen sein, dass er seiner Königin ein lebensgroßes und öffentliches Porträt widmet. Der Druck entstand in Leeds im Auftrag eines Einzelhändlers aus Gateshead, einem Vorort von Newcastle upon Tyne nahe der schottischen Grenze. Die Darstellung entspricht dem offiziellen Foto, das anlässlich des Jubiläums veröffentlicht wurde. Das Medaillon am Arm der Queen zeigt ihren 1861 verstorbenen Gemahl Prince Albert, während an der weißen Schleife ein Doppelbildnis der beiden aus der Zeit ihres Amtsantritts hängt.

»The Sovereign of Sixty Years – Her ›Most Gracious‹ Majesty Queen Victoria«, gewidmet von Robert Robson, Teehändler in Gateshead, Druck: Alf Cooke, Queen's Printer. Leeds, 1897, Chromolithografie, 74 x 50,7 cm

Diese beiden Hamburger Plakate sind – äußerst selten bei frühen Plakaten – datiert: das eine in einem kleinen Fähnchen auf 1879 und das andere wurde in einer Zeitschrift von 1886 reproduziert (DfP III, Nr. 4665). Die großen farbigen Drucke werden hier als Plakate angesprochen, aber wahrscheinlich dienten sie gleichermaßen als dekorativer Wandschmuck und gehörten damit zu den Wandbilddrucken. Sie zeigen in durchaus attraktiven Ansichten die Firmengelände, und der Text beschränkt sich auf den Firmennamen. Allerdings ist dieser in einem Fall durch die Adresse ergänzt und im anderen Fall wird sogar auf das Angebot (»Lager Bier – Export Bier«) hingewiesen. Obendrein befindet sich hier die Beschriftung auch innerhalb des Bildfeldes. Dies sind Argumente, die Drucke eher den Plakaten zuzuordnen.

Die beiden Plakate liegen nur sechs Jahre auseinander. Doch lässt die kräftigere Farbigkeit, die Schriftgestaltung und die dekorativere Aufsicht eine Entwicklung erkennen, die sich von der traditionellen Stadtansicht entfernte und sich um eine Gestaltung mit Fernwirkung bemühte. Zu beachten sind die Schornsteine: Der Qualm zeigt an, dass mit moderner Dampfkraft gearbeitet wurde. Qualmende Schornsteine sollten bis ins 20. Jahrhundert hinein ein Sinnbild geschäftiger Industrie sein.

Im 19. Jahrhundert unterlag im Deutschen Reich der öffentliche Aushang und damit auch das Plakatieren strengen Regeln. Die Litfaßsäulen in Städten und Bahnhöfen dienten in erster Linie amtlichen Bekanntmachungen und kleinformatigen Anschlägen. Nur vereinzelt sieht man hier auf alten Abbildungen auch Bildplakate. Daher verwundert es nicht, dass die in diesem Kapitel ausgewählten Plakate nicht für den Aushang im Freien geeignet waren. Das dicke, feste Papier würde aufquellen und brechen, vor allem aber ist die glänzende Oberfläche, die die Farbe auf diesen Chromolithografien leuchten lässt, äußerst feuchtigkeitsempfindlich.

Bierbrauerei v. A. Janssen Witwe, Druck: Lith. Anst. F. W. Kähler, Hamburg 1879, Chromolithografie, 60,2 x 83,8 cm
Holsten Brauerei Hamburg-Altona, Druck: Mühlmeister & Johler, Hamburg & Bremen, 1885, Chromolithografie, 83,8 x 104,5 cm

Liqueur-Fabrik J. A. Gilka Berlin, »Hofliferant Seiner Majestät des Königs von Preußen und Seiner Majestät des Kaisers von Oesterreich«, Druck: Lith. Kunst-Anstalt v. J. C. Metz, Frankfurt am Main, 1869, Chromolithografie, 59,3 x 41,8 cm

Die Plakate auf diesen Seiten arbeiten mit unterschiedlichen, schwerlich ausgereiften Werbestrategien: Die duftenden Seifen aus Brüssel locken in geöffneten Verpackungen mit Spitzenbesatz mit farbenprächtigen Banderolen. Eine Berliner »Liqueur-Fabrik« wirbt mit ihrer beeindruckenden Sammlung von Goldmedaillen, mit denen ihre Liköre international ausgezeichnet wurden (Abb. S.101). Und ein Düsseldorfer Farbenhersteller setzt Sympathie heischend nackte Kinderlein als Blickfänger ein. Sie zerreiben die Farbpigmente auf dem Boden und streichen die Wand regenbogenbunt. Die Firma, 1862 in Düsseldorf gegründet, konnte sich als Farbenlieferant der Düsseldorfer Malerschule etablieren, und es könnte sein, dass die akademisch-korrekte Wiedergabe der Kinderkörper auf eines der Düsseldorfer Akademiemitglieder zurückgeht.

Auch das Plakat für die Berliner Likörfabrik verdient einen zweiten Blick. Wahrscheinlich lagen genaue Wünsche vom Auftraggeber vor, der sowohl die Likörflaschen als auch sein Firmengelände dargestellt sehen und obendrein mit seinen Goldmedaillen von Welt- und Gewerbeausstellungen punkten wollte. Darüber hinaus erfährt man, dass der Fabrikant Gilka Hoflieferant in Berlin und Wien war. Trotz dieser inhaltlichen Überfrachtung besticht das Ergebnis. Die Komposition beruht auf einem architektonischen

Eeckelaer's of Brussels – Fine Toilet Soaps, Druck: Sackett, Wilhelms & Betzig, New York um 1885, Chromolithografie, 34 x 22,7 cm
Dr. Fr. Schoenfeld & Co., Künstlerfarben, Druck: A. Bagel, Düsseldorf, um 1880, Chromolithografie, 83,7 x 60,8 cm

Aufbau mit Renaissanceelementen, wie er sich vergleichbar an Epitaphen oder der Innenarchitektur des 16. Jahrhunderts fand. Im Zentrum sind die Likörflaschen zu einem Stillleben von beeindruckender Präzision versammelt. Unten, links und rechts des Firmengeländes, widmen sich eifrige Zwerge dem Studium von Rezepten und dem Destillieren des Likörs. Die vier Wappenfelder, die oben die Rahmung betonen, sind vertreten die königlichen und kaiserlichen Hoheiten, die Gilka stolz zu seinen Kunden zählt.

Das Plakat besticht mit seinem Detailreichtum, aber mehr noch mit der Qualität der Zeichnung. Die Zwerge lassen an Moritz von Schwind denken, die Säulen dürften architektonischen Musterbüchern entstammen und die Medaillen, die Wappen und vor allem die Flaschen sorgfältig einzeln abgezeichnet worden sein. Der unbekannte Frankfurter Lithograf schuf eine für seine Zeit herausragende Leistung.

Keines der drei Plakate ist datiert. Allerdings lässt sich das Likörplakat aufgrund der prominent ins Zentrum gesetzten Goldmedaille der Berliner Gewerbeausstellung von 1869 und der Widmung an König Wilhelm von Preußen – der im Januar 1871 zum Kaiser gekrönt wurde – recht genau einordnen. Auch das Plakat für den Düsseldorfer Farbenhersteller dürfte mit seiner ungewöhnlichen Rahmung und mit seiner akademisch-konservativen Kinderdarstellung deutlich vor 1890 entstanden sein.

Braunschweiger Wurst, Druck: J. Aberle & Co. Litho. Berlin & London, Berlin um 1890, Chromolithografie, 50,7 x 32 cm
Pianoforte-Fabrik Gebrüder Stingl, Druck: Plakaten-Fabrik von A. L. Koppe, Prag-Smichow, Prag um 1890, Chromolithografie, 74,7 x 54 cm

Ein Plakat will Aufmerksamkeit erregen – was liegt näher, als mit möglichst spektakulären Motiven aufzufallen. So oder ähnlich mögen der Wiener Klavierbauer und sein Prager Plakatdrucker gedacht haben, als sie einen Indianer auf eine fliegende Weltkugel setzten, und ihm ein Klavier auf seine muskulösen Schultern packten (Abb. S.103). Klavier, Indianer und Weltkugel addieren sich mit den schrillen Farben zu einem grotesken Eindruck, der zwar keine musikalischen Qualitäten vermittelt, aber ohne Zweifel zu einem Hingucker wird. Das gilt auch für den amerikanischen Landmaschinenhersteller, der gerahmte Darstellungen seiner Pflüge und Eggen mit einer fröhlichen Kinderschar umgeben ließ, deren unschuldige Gesichter und leuchtenden Augen ebenfalls nichts mit den Maschinen zu tun haben, aber jeden Kinderfreund ein zweites Mal hinsehen lassen.

Wieder andere Strategien entwickelten die beiden deutschen Plakate. Der Kraftfutter-Hersteller wirbt mit einem Vorher-Nachher-Bild: Ohne das Kraftfutter bleiben die Kühe mager und geben weniger Milch. Mit dem Kraftfutter dagegen läuft der Melkeimer über, das Vieh strotzt vor Gesundheit und die Milch ist obendrein viel fetter und wertvoller. Der Braunschweiger Wurstfabrikant dagegen argumentiert nicht, sondern setzt auf Humor: Seine Schweine trotten fröhlich in eine Dampfmaschine, und am anderen Ende purzeln die fertigen Würste in allen Größen heraus (Abb. S. 103). – Über den künstlerischen Wert derartiger Plakate mag man streiten, doch überzeugt ihr Einfallsreichtum noch heute.

Cölle & Gliemann Kraftfuttermittel, Verlagsanstalt und Druckerei Actien-Gesellschaft (vormals: J. F. Richter) in Hamburg, um 1890, Chromolithografie, 48,7 x 65,9 cm

Western Wheeled & Scraper Co., Landmaschinen, Druck: Shober & Carqueville Lith. Co., Chicago um 1890, Chromolithografie, 69,6 x 51,8 cm

Hans Bohrdt, Transatlantiklinie Antwerpen-New York der Red Star Line, Dampfschiff Westernland, Druck: Mühlmeister & Johler, Hamburg & Bremen, um 1890, Chromolithografie, 106,4 x 73 cm

Plakate für Schifffahrtslinien können mit attraktiven Motiven auftrumpfen: Schiffe unter vollen Segeln, die hohe See, weiße Gischt und qualmende Schornsteine, glühende Sonnenuntergänge. Erste Schifffahrtsplakate kamen in den 1860er Jahren, zunächst in den USA und England, auf. Häufiger wurden sie allerdings erst nach 1880, als die Passagierschifffahrt zunahm und man eine größere Öffentlichkeit ansprechen wollte. Die führenden Reedereien, allen voran der Norddeutsche Lloyd in Bremen, die Red Star Line in Antwerpen, die Hapag in Hamburg und die Holland-Amerika Lijn in Rotterdam, machten sich heftige Konkurrenz. Größere und schnellere Dampfer liefen nach 1880 in zunehmend rascher Folge vom Stapel. Sie sollten nun nicht mehr nur möglichst große Zahlen von Auswanderern transportieren, sondern mit Luxus und Komfort auch eine betuchte Oberschicht ansprechen.

In diesem Zusammenhang entstanden zahlreiche Schifffahrtsplakate, die die neuesten Dampfer der Reedereien vorstellen (siehe auch S. 82/83) und vor allem ihre einzelnen Liniendienste anpreisen. Bedeutende Künstler, wie in Belgien Henri Cassiers oder im Deutschen Reich der kaiserliche Marinemaler Hans Bohrdt (1857–1945), entwarfen Schiffsplakate. Im Falle der Fürst Bismarck hat sich ein Wandbilddruck erhalten, der anlässlich des Stapellaufs in Auftrag gegeben worden sein dürfte, und der das Schiff vergleichsweise neutral in Seitenansicht schildert (Seite 83). Das Plakat für die Schifffahrtslinie, auf der die Fürst Bismarck eingesetzt wurde, tritt dagegen ungleich dramatischer auf. Der glühende Abendhimmel mit der Sonne über dem Horizont verspricht unvergessliche Eindrücke auf der Überfahrt.

Hamburg-Amerika Linie der HAPAG. Doppelschrauben-Schnelldampfer Fürst Bismarck, Druck: J. Aberle & Co, Berlin, 1891, Chromolithografie, 93,9 x 65 cm
Transatlantiklinie der Kaiserlich Deutschen Post. Hamburg-Amerikanische Packetfahrt-Actien-Gesellschaft (HAPAG), Lith. Anst. F. W. Kähler, Hamburg, 1881, Chromolithografie, 99 x 73,3 cm

Die Segel spielen bei der Fürst Bismarck nur noch eine untergeordnete Rolle, und die gelben Schornsteine, die seit 1889 als sogenannte »Gelbhälse« zum Markenzeichen der Hapag wurden, dominieren die Aufbauten. Das sieht bei dem Dampfer Westernland der Red Star Line aus Antwerpen noch anders aus. Hier überragen Segel die Schornsteine, und ihr Zahlenverhältnis von 4:2 ist genau umgekehrt. Ein Blick auf das Post-Dampfschiff von 1881 zeigt, dass es sich um eine ältere Generation von Dampfern handelt, bei der die Segel tatsächlich noch entscheidend eingesetzt wurden. Interessant ist auf diesem Plakat die Verbindung mit der Eisenbahn in der unteren Bildhälfte. Seit den 1860er Jahren kooperierten Reedereien mit amerikanischen Bahnlinien und konnten so Tickets bis an das Endziel anbieten. Der Zug konnte mit seinem auffälligen roten »Kuhfänger«, so die Botschaft, auch Büffel- und Indianergebiet bezwingen.

Im Vergleich zu heutigen Plakaten erscheint die Wertschätzung des Alters in der Werbung des 19. Jahrhunderts erstaunlich. Schrullige alte Männer werden zu Sympathieträgern. Ein zwergenhafter eitler Geck freut sich in Chicago darüber, dass seine Zigarren günstiger wurden. In Moskau sind es zwei Popen, die sich gegenseitig die Qualität ihrer Papirosi bestätigen. Und in London wird ein Käufer von Hignett's Schnupftabak genau in dem Moment erwischt, in dem er voller Hingabe niest. Er weiß um die Nebenwirkungen seiner Leidenschaft und hält das große Schnupftuch in Bereitschaft.

Besonders dieses Londoner Plakat zeigt sich bei näherem Hinsehen von einer erstaunlichen Qualität in der Erfassung der Augenblicks. Die Gesichtshaut ist gerötet und verschattet von Bartstoppeln. Die Wangen sind in die Höhe gezogen, die Augen fast geschlossen und die Brauen nach oben gereckt und zusammengekniffen, der Mund halb geöffnet, die wenigen Zähne und Zahnstümpfe liegen frei. Jeden Moment kann das befreiende Niesen erfolgen, und das Schnupftuch kommt in Aktion. Die Fotografie war damals noch nicht in der Lage, solche kurzen und spontanen Augenblicke festzuhalten. Hier bemühte sich ein unbekannter Zeichner, sicher ein Mitarbeiter der Druckerei, um eine Realität, wie sie zuvor nie festgehalten wurde.

S. Gabaj, Moskau – Zigaretten von bester Qualität, Druck von Leo Kempner & Co Hamburg, um 1890, Chromolithografie, 39 x 61 cm
Werbung für einen Hersteller von Tabak-Waren, Druck: Clay & Richmond, Buffalo & Chicago, um 1885, Chromolithografie, 35,8 x 26,8 cm

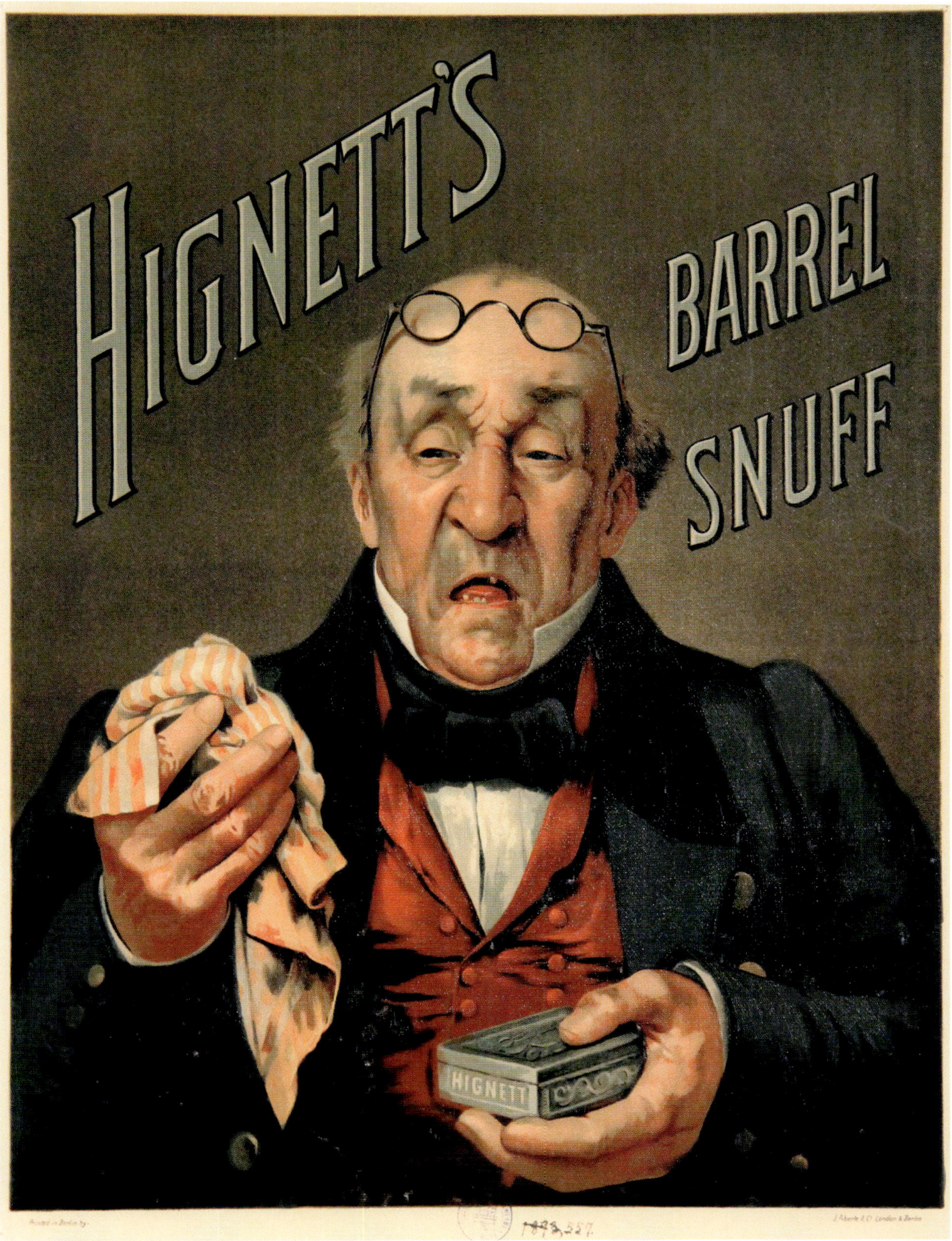


Hignett's Barrel Snuff – Schnupftabak am Stück, Printed in Berlin by J. Aberle & Co, London & Berlin, um 1890, Chromolithografie, 45,5 x 35,4 cm

Die *Gartenlaube* gehörte im 19. Jahrhundert zu den verbreitetsten Familienzeitschriften in Deutschland. 1853 in Leipzig gegründet, bot sie weniger aktuelle Nachrichten als vielmehr Kurzgeschichten und Auszüge aus Romanen, alles sehr familientauglich. Illustrationen, als Holzstiche gedruckt, informierten über ferne Länder und Sitten. Die *Kinder-Gartenlaube* erschien seit 1886 als »farbig illustrierte Zeitschrift zur Unterhaltung und Belehrung der Jugend im Alter v. 7 bis 15 Jahren und bringt jährlich 600 Seiten Text mit 96 grossen farbigen Bildern und kostet vierteljährlich nur 1 Mark.« Diese Ankündigung findet sich in dem gerahmten Schriftfeld, das ungeschickt weiß hervorgehoben wurde. Wahrscheinlich beruht die ganze Szene auf einem Genrebild, das dann durch diesen Text und die hineinmontierten Bücher und Prospekte zum Plakat gewandelt wurde. Damit auch Großeltern als eigentliche Geldgeber den Sinn des Plakates verstehen, steht die Bitte des Kindes, geradezu plump formuliert, unter der Darstellung.

Wyss Kneipp's Malzkaffee, Schweiz (Solothurn?) um 1895, Chromolithografie, 55,3 x 77 cm

Eine besondere Bewandtnis hat es mit dem Schweizer Plakat für Malzkaffee und Hafermehl. Ganz offensichtlich wurden Großmutter und Enkeltochter als Modelle nicht abgezeichnet, sondern fotografiert. Und das Schwarzweißfoto wurde anschließend lithografisch gedruckt, das heißt es übernahm in der Chromolithografie die Funktion des Zeichensteins. Wie dies technisch realisiert wurde, wie die Fotografie auf den Lithografiestein übertragen werden konnte, bleibt ein Rätsel, da das Problem der lithografischen Vervielfältigung von Fotos noch nicht gelöst war. Wahrscheinlich bediente man sich einer Projektion, doch geschah dies mit äußerster Präzision und Geschicklichkeit. Die Grauwerte des Fotos wurden mit Lithografietusche auf den Stein übertragen. Ein solches Vorgehen würde auch die flächig wirkenden Ornamente an den Ärmeln des Mädchens oder auf ihrer Tasse erklären. Die hervorgehoben Etiketten auf den Verpackungen im Vordergrund wurden sichtlich von Hand nachgezeichnet. Das Plakat gelangte spätestens 1897 in die Sammlung des Museums für Kunst und Gewerbe, das heißt, es dürfte um 1895 entstanden sein.

Kinder gehören seit den Anfängen der Produktwerbung zu den häufigsten Blickfängern. Liebliche Mädchengesichter wurden offenbar schon vor 120 Jahren als besondere Sympathieträger empfunden. Auf den Plakaten der nächsten Seiten werben sie für den Kaffee-Ersatz aus Zichorien, für Akkordeons und für Seife. Es ist gut denkbar, dass die unbekannten Lithografen auf Fotos und Gemälde zurückgriffen. Lediglich die Verpackungen der Produkte wurden gut sichtbar hinzugefügt. Im Falle des Sunlicht-Plakats wird in der Beschriftung ausdrücklich auf die Vorlage hingewiesen: Es gibt ein Gemälde von George Dunlop Leslie (1835–1921) wieder, das dieser kurz zuvor in der Royal Academy ausgestellt hatte.

Bei dem amerikanischen Akkordeon-Plakat hat es den Anschein, als sei hier das Kind eigens für diesen Zweck herausgeputzt worden. Das zart rosa gestreifte Kleid und die breite Schleife scheinen frisch gestärkt und die Blumen hängen, kindlich-achtlos gehalten, herunter. Während diese Partien offenbar nach einem Foto gearbeitet wurden, scheint das Akkordeon wie schwerelos und wenig glaubwürdig hineinmontiert. Auch der Mädchenkopf mit den großen Kulleraugen und den puppenhaften Gesichtszügen

Kinder-Gartenlaube, Lith. u. Druck v. Carl Mager's Kunstanstalt, Nürnberg, um 1890, Chromolithografie, 54 x 40,4 cm

wirkt übertrieben niedlich. Hier wurde ein Kindchen-Klischee angestrebt, wie es sich auch auf anderen amerikanischen Plakaten und Grafiken dieser Zeit findet (Farbe fürs Volk 1999, S.30 f.).

Die Plakate auf Seite 114 preisen die bürgerlichen Ideale des 19. Jahrhunderts: Häuslichkeit, adrette Kleidung, Sauberkeit, fröhliche Kinder und ein schmackhaftes Essen auf dem Tisch. Die Knorr-Suppe scheint von der jungen Hausfrau selbst gekocht worden zu sein, das feine Kleid, die Rose im Haar und ihr stolzer, etwas neckischer Blick legen es nahe. Die Schokolade dagegen dürfte vom Hausmädchen serviert werden, erkennbar am blauweiß gestreiften Kleid und der weißen Haube. Der unerwartet dunkle Hintergrund auf diesem Plakat stellt sich übrigens bei näherem Hinsehen als Schokoladentafel heraus. Auf dem dritten Plakat sind es die Kinder selbst, die die Rollen der Großen übernehmen. Sie spielen Familie: Der Vater liest Zeitung, die Mutter strickt, während die beiden Kleinsten ihr ein Fußkissen unterschieben und Äpfel anbieten. Hut und Haube sind zu groß, die Brille rutscht von der Nase und auf dem

Ich kaufe nur Resag's Cichorien, Druck: J. Aberle & Co. Berlin, um 1890, Chromolithografie, 72,3 x 37,8 cm
Accordeon International, USA um 1890, Chromolithografie, 76,1 x 52 cm (Aufkleber: Strichätzung)

nach George Dunlop Leslie, Sunlight Soap, »From the Painting by G. D. Leslie R.A. Exhibited in the Royal Academy«, London 1887, Chromolithografie, 73,7 x 36,1 cm

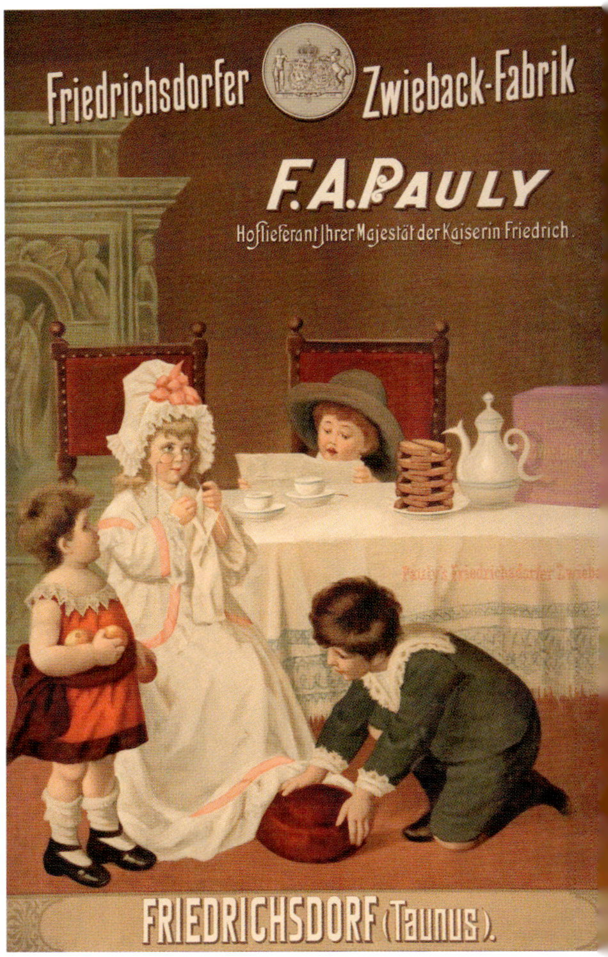


Tisch wartet, hoch gestapelt, der Zwieback. Die »Zwieback-Fabrik« wirbt mit dem Etikett »Hoflieferant Ihrer Majestät der Kaiserin Friedrich«. Die Witwe des 1888 nach nur wenigen Monaten auf dem Thron gestorbenen Friedrichs III. wurde im Volksmund schon bald als Kaiserin Friedrich und nicht mit ihrem offiziellen Namen Victoria von Sachsen-Coburg und Gotha angesprochen.

Statt mit Kindern oder Hausfrauen werben die folgenden Plakate mit Damen von Welt. In feinstes, fast durchsichtiges Tuch gehüllt treten sie für Nähgarn auf oder sie sitzen entspannt und elegant am Tisch und rühren scheinbar achtlos in der Kakaotasse. Die Raucherin ist in geheimnisvolles Dunkel getaucht, nur das Streichholz wirft ein grelles Schlaglicht auf Gesicht und Brust. Alle drei Plakate treten sichtlich mit künstlerischem Anspruch auf. Während die Raucherin durch ihre spektakuläre Ausleuchtung auffällt, sind es bei den anderen Damen vor allem die frontal gezeichneten, idealschönen Gesichter, deren Züge samten und weich regelrecht dahin schmelzen. Große Augen und ein schmachtender Blick sprechen unmittelbar den Betrachter an. Wahrscheinlich wurde das Nähgarn-Plakat, trotz des schottischen Auftraggebers, in Paris bei Champenois gedruckt, der Druckerei, die später Alphons Mucha unter Vertrag hatte. In der Sammlung des MKG befinden sich zwei sehr ähnliche Plakate, die für Clark und für den

Knorr's Suppen, Druck: J. Aberle & Co. Litho. Berlin, um 1890, Chromolithografie, 72,5 x 38,1 cm
Jordan & Timaeus – Chocoladen, Cacao, Druck: F. F. Fliegel & Co. Dresden, um 1890, Chromolithografie, 70,1 x 36 cm
Friedrichsdorfer Zwieback-Fabrik F. A. Pauly, Druck: Bäcker & Co. Dresden, um 1890, Chromolithografie, 80,2 x 53,2 cm

ebenfalls im schottischen Paisley ansässigen Konkurrenten Coats werben und die beide durch einen Druckvermerk ausgewiesen sind (DfP II, Nr. 915 f.). Das besonders feine Garn des »Anchor Sewing Cotton« wurde übrigens zur Zeit der Kontinentalsperre während der napoleonischen Kriege entwickelt. Da der Import von Seide damals unmöglich war, suchte man nach einem Ersatz. So erklärt sich auch der leichte, wehende Stoff, der mehr wie ein Schleier als wie ein Kleidungsstück wirkt.

Das niederländische Plakat dürfte in der Amsterdamer Druckerei Van Leer lithografiert worden sein. Das New Yorker Blatt dagegen, bei dem der Text nachträglich über das Bild gelegt und schwer leserlich schräg in die Ecke gesetzt wurde, war ursprünglich als Wandschmuck ohne Text gedacht. Es entstand laut Eintrag in das Inventarbuch im »Königlichen Hof-Kunst-Institut Otto Troitzsch« in Berlin (Inv. Nr. E 1893.551). Die Technik wird dort als »Lith. Farbendruck in Oeldruckmanier« angesprochen, das heißt, die Chromolithografie wurde mit einem leicht glänzenden Firnis überzogen. Das Blatt wurde gemeinsam mit zehn anderen dem Museum von der Druckerei geschenkt. Der Berliner Maler Zickendraht (1854–1937), der laut Inventarbuch den Entwurf 1890 ausführte, hatte einigen Erfolg mit mondänen und auch freizügigen Damenbildnissen. Der New Yorker Zigarrenhersteller dürfte einen Teil der Auflage erworben haben und ließ bereits in Berlin den Text hinzufügen.

Van Houten's Cacao, Amsterdam 1890/95, Chromolithografie, 42,8 x 58,9 cm

Clark & Co. Anchor Sewing Cottons, Druck: Champenois (?), Paris um 1890, Chromolithografie, 59 x 43,7 cm

Bernhard Zickendraht, Raucherin, als Plakat verwandt von S. Ottenberg & Brothers, Cigar Manufacterers, New York, Druck: Otto Troitzsch, Berlin 1890, Chromolithografie, 67,9 x 52,5 cm

Fahrradplakate gehören zu den beliebten und häufig abgebildeten Spezialgebieten der Plakatgeschichte. Die ersten erschienen um 1890, kurz nachdem das Hochrad durch das »Sicherheitsfahrrad« mit gleich großen Rädern abgelöst wurde. Es kam in Europa und den USA zu einem regelrechten Fahrradboom, der sich auch in Plakaten niederschlug. Radfahren war übrigens von Beginn an ein viel praktizierter Frauensport, und manche der schönsten Fahrradplakate – etwa von bedeutenden Jugendstilgrafikern wie Eugène Grasset oder Will Bradley – sprachen ausdrücklich das weibliche Publikum an. In der Geschichte der Emanzipation wird dem Radfahren eine wichtige Rolle bei der Befreiung von einengender Kleidung wie dem Korsett und dem Auftreten in der Öffentlichkeit beigemessen.

Eines der bekanntesten Fahrradplakate warb für die Pope Manufacturing Company in Hartford, Connecticut, eine Firma, die seit 1878 Fahrräder herstellte und in den 1890er Jahren über 4000 Mitarbeiter

Pfeil – unbesiegt, Kunstanstalt Grimme & Hempel Act.-Ges., Leipzig-Schleussig, um 1895, Chromolithografie, 101,7 x 57,3 cm
Victoria Fahrrad Werke, Kunstanstalt F. F. Fliegel & Co. Dresden, um 1895, Chromolithografie, 78,1 x 48,9 cm

hatte. Das Plakat ist vor allem in einer späteren Version bekannt, in dem speziell auf die »Columbia Chainless«, die »kettenlosen« Räder der Firma hingewiesen wird, die seit 1897 hergestellt wurden. Auch die hier gezeigte frühere Version geht auf ein amerikanisches Original zurück (Abb. in Freeman 1969, S. 208) Auf beiden Versionen schreibt die antikisch gewandete Frau groß den Markennamen an die Wand – wie ein Orakel, dass um die Qualität des Produkts weiß.

Die Nürnberger Fahrradwerke Frankenburger & Ottenstein gehörten zu den bekanntesten deutschen Herstellern. Sie änderten 1895 ihren Namen und hießen nun wie ihr erfolgreiches Victoria- Fahrrad. Auf diesem Plakat, dass etwa zur Zeit der Namensänderung entstand, radeln zwei Familien fröhlich nebeneinander. Das Ehepaar rechts wirkt in seiner ganzen Fülle fast wie eine Karikatur, und belegt zugleich die Massentauglichkeit des Radfahrens. Der junge Athlet dagegen, der für den »unbesiegten« Pfeil wie ein antiker Kämpfer in Positur steht, überzeugt mit seinem klassischen Profil und seiner eng anliegenden Sportkleidung.

Nach A. Romes, Columbia Fahrräder, Kunstanstalt Grimme & Hempel, Act.-Ges., Leipzig-Schleussig, nach einem amerikanischen Vorbild, um 1890, Chromolithografie, 81,8 x 39 cm

1888 begannen junge Künstler, nachdem seit seiner Verbreitung der Farbendruck ein Privileg der großen Druckereien gewesen war, unter eigenem Namen farbige Grafiken zu drucken. In diesem Jahr hatte der Pariser Mathematiker und Bibliothekar Charles Henry sein Werk *Cercle chromatique* veröffentlicht und verband darin physikalische Erkenntnisse über das Licht und die Grundfarben mit physiologischen Aspekten des Sehens. Künstler, allen voran die Pointillisten, beriefen sich bei ihrem Einsatz von reinen Farben auf der Leinwand auf Henry und auf dessen Theorie, dass sich die Farben im Auge des Betrachters mischen.

Die Technik der Farblithografie ließ sich durchaus von einem einzelnen Zeichner beherrschen. Anders als bei der bisher praktizierten Chromolithografie, die fünf, acht und mehr Farben und entsprechend viele Druckvorgänge benötigte, kam die Farblithografie mit wenigen Farben aus. Mithilfe der Spritztechnik,

Paul Signac, Application du *Cercle chromatique* de Mr. Ch. Henry, Programm für das Théatre libre, Druck: Eugène Verneau, Paris 1888, Farblithografie, 16 x 18,6 cm

Auguste Lepère, On va goûter – ich werd' es probieren, Paris 1889, Holzschnitt, 18,7 x 12,4 cm

die an die Stelle der bisherigen mechanischen Raster trat, gelangen weiche Farbübergänge, und es genügten die drei Grundfarben, um das gesamte Farbenspektrum abzubilden.

Zu den ersten, die diese neuen Möglichkeiten nutzten, gehörte Paul Signac (1863–1935). Als er den Auftrag erhielt, ein Programm des Théâtre libre zu illustrieren, nutzte er die Titelseite für einen programmatischen Verweis auf den *Cercle chromatique* (Döring/Klein-Wiele 2011, S. 11 f.). Er ging in seiner Darstellung nicht auf das Theaterstück ein, sonder stellte im bunten Rahmen und in den Anfangsbuchstaben des Theaters den Farbenkreis dar. Zudem demonstrierte er in einem runden Bildausschnitt die künstlerischen Möglichkeiten des Einsatzes von ungemischten Farben.

Der farbige Holzschnitt, der mit den ersten künstlerischen Farblithografien 1888 in Paris aufkam, hat andere Hintergründe als die Farblithografie. Hier war der japanische Farbholzschnitt das große Vorbild. Er wurde seit den 1850er Jahren im Westen gesammelt und galt seit den 1870er Jahren vielen impressionistischen Malern als Vorbild. Dass er nicht früher auch als grafische Technik Nachfolge fand, hängt damit zusammen, dass der Farbendruck grundsätzlich als industrielle Massenware angesehen und daher in Künstlerkreisen verpönt war.

Henri Rivière, Der Eiffelturm im Bau, Paris 1888, Holzschnitt, 34,4 x 50,8 cm

George Auriol, Mutter und Tochter, Paris um 1892, Holzschnitt, 35,6 x 24,3 cm

George Auriol, Titel des Programms vom Kabarett Chat Noir, Paris 1894, Holzschnitt, 30,5 x 22 cm

Eine junge Generation von Künstlern lehnte sich gegen das stillschweigende Verbot der farbigen Grafik auf. Wie die Signatur beispielsweise von Henri Rivière (1864–1951) deutlich macht (Abb. S.122), berief sie sich dabei ausdrücklich auf den japanischen Farbholzschnitt. Rivière ahmte mit dem rot übereinander geschriebenen Monogramm die Stempel auf japanischen Tuschemalereien nach. Seine Motive – oder die von Auguste Lepère (1849–1918) – waren dagegen durchaus modern. Sie zeigen die Welt der Arbeiter und des Alltags.

George Auriol (1863–1938) gehörte zu den ersten Künstlern, die den Farbendruck ausübten. Bereits bevor er mit künstlerischen Drucken an die Öffentlichkeit trat, hatte er für verschiedene Verlage Buchumschläge farbig lithografiert (Grafikdesign im Jugendstil 2011, S. 257). Der japanische Einfluss ist bei ihm offensichtlich. Selbst bei dem traditionellen Motiv von Mutter und Tochter spricht aus dem Umgang mit Stoffmustern oder den flächigen und zugleich fest umrissenen Gesichtern das japanische Vorbild.

Interessant erscheint die Gegenüberstellung der Blumenbilder. Bei beiden handelt es sich um Theaterprogramme, die der Künstler dazu nutzte, seine eigenen künstlerischen Ideen umzusetzen. In einem Fall – die Iris für das Kabarett Chat noir – wählte Auriol den Holzschnitt, im anderen – die Pfingstrosen für das Théâtre libre – die Lithografie. Die sprödere Technik des Holzschnitts hat zu markanteren Um-

George Auriol, Titel des Programms vom Théatre libre, Paris 1889–90, Lithografie, 22,8 x 32 cm

Henri de Toulouse-Lautrec, Mademoiselle Marcelle Lender, en buste, Beilage der Zeitschrift *Pan*, Druck: Eugène Verneau, Paris 1895, Lithografie, 43,5 x 32 cm

rissen geführt, jedoch verzichtete der Künstler auch bei der Lithografie auf die dort möglichen weichen Übergänge, sondern blieb bei den festen Umrissen. Hier wird das Vorbild deutlich: Die Motive gehen nicht auf japanische Holzschnitte, sondern auf japanische Färbeschablonen zurück. Diese Katagami setzten alle Motive in ein feines, flächiges und dekoratives Liniengefüge um.

Das grafische Werk von Toulouse-Lautrec (1864–1901) umfasst rund 400 Blatt, von denen allerdings kaum mehr als sechzig farbig sind. Doch gehören dazu alle 30 Plakate und auch seine anderen berühmten Drucke. 1891 schuf er sein erstes Plakat – für das Tanzlokal Moulin Rouge – und sollte in den nächsten fünf Jahren der produktivste und provokanteste Grafiker seiner Zeit werden. Toulouse-Lautrec setzte Farben in großen Flächen ein und liebte gleichermaßen schrille Kontraste und delikate Zusammenklänge. Schwarz konnte bei ihm zum flächigen Farbton geraten, und die Umrisszeichnung war oft olivgrün.

Als die deutsche Kunstzeitschrift *Pan* bei ihm 1895 eine Farblithografie in Auftrag gab, führte dies sogar zur Entlassung des Redakteurs Julius Meier-Gräfe. Es sei eine »im Plakatstil gehaltene bunte Lithografie«, schimpfte der Herausgeber Eberhard von Bodenhausen (Krahmer 1994, S. 51). Das lebhafte und pointierte Porträt der Sängerin Marcelle Lender wurde in der für eine Farblithografie ungewöhnlich hohen Zahl von acht Farben gedruckt. Eigenwillig gewählt, wirken sie noch heute frisch und modern. Die Vorzugsedition enthielt dasselbe Porträt, allerdings lediglich in Oliv gedruckt.

Henri de Toulouse-Lautrec, Mademoiselle Marcelle Lender, en buste, Beilage der Vorzugsausgabe der Zeitschrift *Pan*,
Druck: Eugène Verneau, Paris 1895, Lithografie, 43,5 x 32 cm
Henri de Toulouse-Lautrec, L'Argent, Programm für das Théâtre libre, Druck : Eugène Verneau, Paris 1895, Lithografie, 37 x 26,3 cm

»Anonymus«, »Radde's Stenochromie und dessen internationale Farbenscala«, Polytechnisches Journal 1877, Bd. 223, S. 536–549
Réjane Bargiel und Ségolène Le Men, La Belle Époque de Jules Chéret. De l'affiche au décor, Paris 2010
Dominik Bartmann, Anton von Werner. Geschichte in Bildern, Berlin Museum, München 1993
Birgit Biedermann, Bürgerliches Mäzenatentum im 19. Jahrhundert. Die Förderung öffentlicher Kunstwerke durch den Kunstverein für die Rheinlande und Westfalen, Petersberg 2001
Dirk Blübaum, Stephan Brakensiek (Hg.), Gestochen scharf! Die Kunst zu reproduzieren, Zeppelinmuseum Friedrichshafen 2007
Wilhelm von Bode in: Pan, Heft 1, Berlin 1895, S. 30–33
Günther Böhmer, Sei glücklich und vergiß mein nicht. Stammbuchblätter und Glückwunschkarten, München 1973
Wolfgang Brückner, Elfenreigen – Hochzeitstraum. Die Öldruckfabrikation 1880–1940, Köln 1974
DfP III: Das frühe Plakat, Band 3: Deutschland, Berlin 1980
Jürgen Döring, Toulouse-Lautrec und die Belle Époque, München 2002
Jürgen Döring und Holger Klein-Wiele, Grafikdesign im Jugendstil. Der Aufbruch des Bildes in den Alltag, Museum für Kunst und Gewerbe Hamburg 2011
Yasmin Doosry, Käufliche Gefühle. Freundschafts- und Glückwunschbillets des Biedermeier, Germanisches Nationalmuseum Nürnberg 2004
Farbe fürs Volk. Amerikanische Graphik und Plakate um 1900, Ausstellungskatalog von Jürgen Döring und Susanne Kähler, Museum für Kunst und Gewerbe Hamburg 1999
Larry Freeman, Victorian Posters, New York 1969
Michael Henker, Von Senefelder zu Daumier. Die Anfänge der lithografischen Kunst, München 1988
Helmut Hess, »Täuschend ähnlich. Die photographische Kunstreproduktion in Farbe gegen Ende des 19. Jahrhunderts«, Dirk Blübaum (Hg.), Gestochen scharf! Die Kunst zu reproduzieren, Zeppelinmuseum Friedrichshafen 2007
William M. Ivins, Prints and Visual Communication, London 1969
Hermann Jedding, Hohe Kunst zwischen Biedermeier und Jugendstil. Historismus in Hamburg und Norddeutschland, Museum für Kunst und Gewerbe Hamburg 1877
Detlef Lorenz, Reklamekunst um 1900. Künstlerlexikon für Sammelbilder, Berlin 2000
David Klemm, »Papst Adresse an Pius IX.«, in: 1848. Das Europa der Bilder, Band II, Ausstellungskatalog Nürnberg 1998, S. 287
David Klemm, Von Napoleon zu Bismarck. Geschichte in der deutschen Druckgraphik, Museum für Kunst und Gewerbe Hamburg 1995
Joachim Kruse, »Reproduktionsgraphik im 19. Jahrhundert«", Silvia Glaser und Andrea M. Kluxen (Hg.), Musis et Litteris. Festschrift für Bernhard Rupprecht zum 65. Geburtstag, München 1993
»Art-Lithographers of the United States«, Lithographer's Journal, Sept. 1893, S. 52. Zitiert nach Marzio 1979, S. 5.
Roger Marx, Les Maîtres de l'Affiche, New York 1977 (Nachdruck)
Peter C. Marzio, The Democratic Art. Pictures for a 19th-Century America, London 1979
Christa Pieske, Bürgerliches Wandbild 1840–1920, Kunstverein Göttingen 1975
Christa Pieske, Das ABC des Luxuspapiers, Berlin 1983
Christa Pieske, Bilder für Jedermann. Wandbilddrucke 1840–1940, Museum für deutsche Volkskunde, Berlin 1988
Gert Richter, Kitsch-Lexikon von A–Z, Gütersloh 1972
Sanguinetti, Guida illustrata. Figurine e menù Liebig, Mailand (11. Auflage) 1990
Eckhard Schaar und Gisela Hopp, Von Delacroix bis Munch. Künstlergraphik im 19. Jahrhundert, Hamburger Kunsthalle 1977
Eckhard Schaar, »Zu den Bilddruckverfahren in Deutschland während des 19. Jahrhunderts«, Regine Timm (Hg.), Buchillustration im 19. Jahrhundert, Wiesbaden 1988
Michael Twyman, Images en couleurs. Godefroy Engelmann, Charles Hullmandel et les débuts de la chromolithographie, Paris 2007
Arthur Wilhelm Unger, Wie ein Buch entsteht, Leipzig (2) 1917
Gert Unverfehrt (Hg.), Die ganze Welt ist aus Papier. Graphiken und Objekte zu allen Gelegenheiten 1800–1930, Göttingen 2001
Hanns von Weissenbach, Der xylographische Farbendruck in den verschiedenen Phasen seiner Herstellung. Erläutert an dem Titelbild des Missale Romanum, Nürnberg 1878
Arnim Winkler, Die Frühzeit der deutschen Lithographie: Katalog der Bilddrucke 1796–1821, München 1975